光文社知恵の森文庫

山折哲雄　監修

日本人なら知っておきたい
空海と真言宗

の歴史がスッキリわかる

光文社

本書は『あなたの知らない空海と真言宗』（2013年
洋泉社歴史新書）を加筆・修正し、文庫化したものです。

はじめに――日本仏教史と真言宗

山折哲雄

八世紀末から九世紀初めを生きた空海《くうかい》（七七四～八三五）は、他の追随を許さぬ抜群の国際人だった。なぜなら圧倒的な中国文明を前にして、それとほとんど互角に勝負し、当時のインド・中国における最高水準の知識・学問を密教の思想を中心に受けとり、それをわが国に移植することにみごと成功したからだ。

彼はまず、人間は瞑想《めいそう》修行を深め、そのままの姿で仏になることができる、という「即身成仏《そくしんじようぶつ》」の実践体系をつくった。つぎに、その人間の心には十段階のプロセスがあるとして、日々の精進《しようじん》努力を積み重ね、心の成熟をはからなければならない、と主張した。それは主著の『十住心論《じゆうじゆうしんろん》』に説かれているが、人間は動物的・倫理的な心、小乗的・大乗的な心の段階をのりこえて、最後に真言密教の悟りに到達しなければならないといっている。ここには今日の日本人における「こころ好き」「こころ尊重」の原型のようなものがすでにあらわれている。

また、空海は類《たぐい》まれな芸術的感覚に恵まれていた。彼は中国から数多くのマンダラや尊像をもたらし礼拝《らいはい》対象としたが、それはのちの日本文化に新鮮なファッション感覚やモダンなデザイン感覚を植えつけることにつながった。もう一つ、彼の言語能力は、発想豊かな「書の世界」に革命的な試みをもたらし、誰もやらなかった修辞学や美学に関する著述を生みだした。

空海がわが国における最初のルネサンス的人間だったことがわかるだろう。その空海密教は、やがてわが国固有の伝統や価値観と結びつき融合して、人々のあいだに広く深く浸透していった。その大衆化と土着化には三つの流れがあったと思う。

第一の流れが弘法大師《こうぼうだいし》信仰である。空海は讃岐《さぬき》(香川県)に生まれたが、四国の各地に池をつくり、井戸を掘ったりして社会事業に先駆的な役割をはたした。その伝承が後世になって増幅し、八十八ヶ所をめぐる遍路《へんろ》行動とともに「お大師さん」信仰が盛んになった。仏教が日本に伝えられて以降、聖徳太子信仰、慈覚《じかく》大師信仰と並んで三大大師(太子)信仰の一角を占めるようになったが、その大衆性において弘法大師信仰は圧倒的な影響力をもつにいたったのである。

第二の流れが、神道の霊魂観と結びついて独自の神仏習合《しんぶつしゅうごう》信仰を生みだしたことだ。中世になって高野山への納骨が、貴族や庶民のあいだでおこなわれるようになるが、その功徳《くどく》を全国に説いてまわったのが高野聖《こうやひじり》たちだった。彼らは死者のでた家々を訪れ、その遺骨の一部をお山に納めれば、すでにその頂《いただ》きにのぼっている尊霊《カミ》と一体化して仏《ホトケ》になる、死者の霊と骨が高野山の奥之院で一つになって成仏する、と説いた。

第三の流れが、加持祈禱《かじきとう》の浸透と流行だった。空海の考えた加持は、いかにして成仏するかが第一の目的であったが、やがて病気や不幸の原因とされた悪霊を追い払い、健康と幸福、そして商売繁盛などを願うご利益《りやく》信仰へと姿を変えていった。もともと空海は京都の内裏《だいり》の中心に「真言院」を建て、天皇のからだから加持によって悪霊を駆除する制度をつくった政治的人間でもあった。そのことを通して国家の安泰を祈願しようとしたのだ。その儀礼は今日なお京都の東寺《とうじ》に伝えられている。

真言密教の歴史のなかでもう一つ指摘しなければならないのが、十二世紀に高野山で活躍した覚鑁《かくばん》（一〇九五～一一四三）の思想である。彼はみずから即身成仏するため身をけずる修行をした山伏《やまぶし》的人間の典型だったが、阿弥陀如来《あみだにょらい》はすなわち大日如来《だいにちにょらい》であると説いて、浄土教と密教の融合、一致を説いたことで知られる。その考えがさきの高野聖たちのあいだにも広がり、高野山への納骨がいっそう盛んになった。高野山の山頂こそ浄土であるという信仰が人気をえて、一時期お山では、昼は「南無大師《なむだいし》遍照金剛《へんじようこんごう》」を唱えて弘法大師をほめたたえ、夜になると念仏の声が全山にとどろく、という事態を生んだ。しかし、その主唱者の覚鑁はやがて山を追われ、念仏信仰は下火になっていった。

密教が、空海の芸術感覚の影響もあって、現代の日本人に大きな刺激を与えつづけていることはさきにもふれたが、イギリスの歴史家アーノルド・J・トインビーが来日して高野山を訪れ、密教を中心とする大乗仏教の未来に大きな期待を寄せていたことが思い出される。また国際的な民俗学者の南方熊楠《みなかたくまぐす》（一八六七～一九四一）が、密教の知的宝庫から豊かな発想と想像力をえていたこともあらためて記憶に蘇《よみがえ》るのである。

日本人なら知っておきたい空海と真言宗◉目次

第2章 身近な真言宗とその特徴

第3章　日本史の中の真言宗

執筆者／拓人社（小松卓郎、小松幸枝）
編集協力／小峰彌彦（大正大学名誉教授）
コーエン企画（江渕眞人）
DTP・図版作成／アミークス（桜井勝志）

第1章

「空海」の生涯とその教え

早わかり真言宗❶

雑部密教と、空海が伝えた純粋密教

真言宗の宗祖となる空海《くうかい》が生きたのは、今からおよそ千二百年前の奈良時代末期から平安時代初期にかけてだ。そして天台宗の宗祖となる最澄《さいちょう》も同時代を生き、二人は唐《とう》（中国）に渡って密教を日本にもたらし、平安仏教の礎《いしずえ》を築いた。

じつは、彼らがもたらす以前から密教は日本に伝わっていた。だがそれは、空海がもたらした整理・体系化された純粋密教（純密《じゅんみつ》）ではなく、除厄招福《じょやくしょうふく》を願う呪術《じゅじゅつ》的なものだったため、雑部《ぞうぶ》密教（雑密《ぞうみつ》）と呼ばれる。

そもそもインドで密教が成立したのは三～六世紀頃で、ヒンドゥー教の隆盛によって仏教が圧迫された背景がある。そこで仏教の再興を図るため、古代インドからの民族宗教であるバラモン教の呪術的な要素を仏教に取り込むことで生まれたのが初期密教だった。病気平癒や安産、祈雨《きう》など現世利益《げんぜりやく》を願うマントラに影響を受けて、各仏尊の真言や陀羅尼《だらに》（91ページ参照）をとなえるようになる。これが雑密である。

その後、理論化・体系化されて『大日経《だいにちきょう》』や『金剛頂経《こんごうちょうぎょう》』ができ、さらに理論よりも実践を重視するようになったのが純密だ。それが、ヒンドゥー教やイスラム教の勢力に押されて中国へ伝えられ、唐時代に隆盛したという経緯だ。

日本の仏教史は飛鳥《あすか》時代に始まり、奈良時代には南都六宗《なんとろくしゅう》（法相《ほっそう》・三論《さんろん》・華厳《けごん》・成実《じょうじつ》・倶舎《くしゃ》・律《りつ》）と呼ばれる奈良仏教（南都仏教）が成立し、僧侶は学僧として経典を学んだ。そして僧侶になるには国家の公認が必要だった。年分度者《ねんぶんどしゃ》といって宗ごとに人数が決められていたため、僧侶（官僧）となれるのは一部のエリートのみだった。

雑密を修《しゅ》する山林修行者たちは、おもに国家非公認の私度僧《しどそう》と呼ばれる人たちだ。私度僧が許可なく民衆に布教した場合は罰せられたという。それでも、神や霊に加護を願い除厄招福を祈る雑密は、日本人の古来の自然崇拝の宗教観にも通じ、現世利益の加持祈禱《かじきとう》は人々からも評価されていた。

そこで空海が入唐《にっとう》し、正統密教の継承者となって整理・体系化された純粋密教を初めて日本に伝え、密教が仏教界の主流となる土壌ができていったのである。

Q1 空海を生んだ佐伯氏とは、どんな一族？

空海は、奈良時代後期の宝亀《ほうき》五年（七七四）六月十五日、讃岐国《さぬきのくに》多度《たど》郡《ごおり》屛風ヶ浦《びょうぶがうら》（香川県善通寺《ぜんつうじ》市）で生まれた。父は佐伯直《さえきのあたい》田公《たぎみ》善通《よしみち》といい、多度郡一帯を治める国造《くにのみやつこ》（世襲の地方官）だった。「直」とは、当時の姓《かばね》（称号）の一つで、国司の身分を表している。母は阿刀《あと》氏の出身で阿古屋《あこや》（玉依御前《たまよりごぜん》）といった。

空海はその三男として生まれるが、兄二人は早世、弟の真雅《しんが》はのちに出家して空海の弟子になっている。空海の幼名は真魚《まお》。大学寮（律令制下の官吏養成機関）中退後に書いた処女作『聾瞽指帰《ろうこしいき》』（出家宣言書とされる『三教指帰《さんごうしいき》』の草稿本）に真魚と記されていることから、その頃までは使っていたようだ。

空海は、真言密教の八祖《はっそ》（182ページ参照）の一人にかぞえられる不空《ふくう》（七〇五〜七七四）の生まれ変わりだという伝説がある。それは誕生日である七七四年六月十五日に、偶然にも不空が没しているからだ。唐《とう》に渡ってそれを知った空海は、この奇縁を喜び生涯にわたり不空の生まれ変わりと信じていたという。

さて、父方の佐伯氏の家系については諸説ある。佐伯氏は古代日本の有力氏《うじ》の一つである大伴《おおとも》氏に連なる名門で、かつて日本武尊《やまとたけるのみこと》の蝦夷《えみし》征伐に従って活躍し、その功績で讃岐地方を賜ったという説。一方で、大和朝廷に囚《とら》われた蝦夷で、捕虜として讃岐地方に配置された蝦夷たちを統轄したのが佐伯氏だったという説もある。当時は捕虜を管理する者もまた捕虜であった。捕虜長が部族集団を形成し、有力な豪族となったともいわれる。

その頃には、条里《じょうり》制といって水田を区画整理して管理する事業もすでに見られる。また灌漑《かんがい》技術を持ち、讃岐地方は農業により潤っていたらしい。こうした技術は、渡来人であり一大勢力となっていた秦《はた》氏が讃岐にもたらしたとされる。佐伯氏は、そうした農耕技術を取り入れて栄えたといわれる。

母方の阿刀氏は、大伴氏と並ぶ名門の物部《もののべ》氏に連なる一族で、代々学問をもって朝廷に仕えた。阿刀氏は渡来系氏族といわれ、安斗、阿斗、安刀、安都、阿都などとも書かれる。河内国渋川郡跡部郷《かわちのくにしぶかわごおりあとべごう》（大阪府八尾市）あたりを本拠としていたようだ。

朝鮮半島や中国大陸から畿内《きない》にやってくる渡来人たちは、まず九州に渡り、そこから瀬戸内海を東に進んで大阪湾に入り、淀川《よどがわ》から大和川《やまとがわ》や桂川《かつらがわ》に進み、その流域に居住していた。阿刀氏がどのような経緯で讃岐に移住したかは定かではない。ただ、阿刀氏の一部が、同じ渡来系氏族である秦氏の住む讃岐に入ってきたとしても不思議ではない。

母方のおじである阿刀大足《あとのおおたり》（生没年不詳）は、桓武《かんむ》天皇（七三七〜八〇六）の皇子・伊予親王《いよしんのう》（七八三？〜八〇七）の教育係を務める日本屈指の儒学者だった。空海は十五歳で都にのぼり、おじのもとで三年間、漢籍を学んでいる。

また阿刀氏の一族からは国の役人や学者を輩出する一方で、多数の宗教者も出している。入唐《にっとう》して法相宗《ほっそうしゅう》を修め天平《てんぴょう》七年（七三五）に多くの経典を持ち帰った玄昉《げんぼう》（？〜七四六）なども阿刀氏の出自で、彼らは朝廷と結びついて活躍したことで知られる。空海の父・佐伯直田公は、そんな一流の家系の阿刀氏と関係を結ぶことで、中央政権への進出をもくろんでいたのかもしれない。

● 空海の略系図

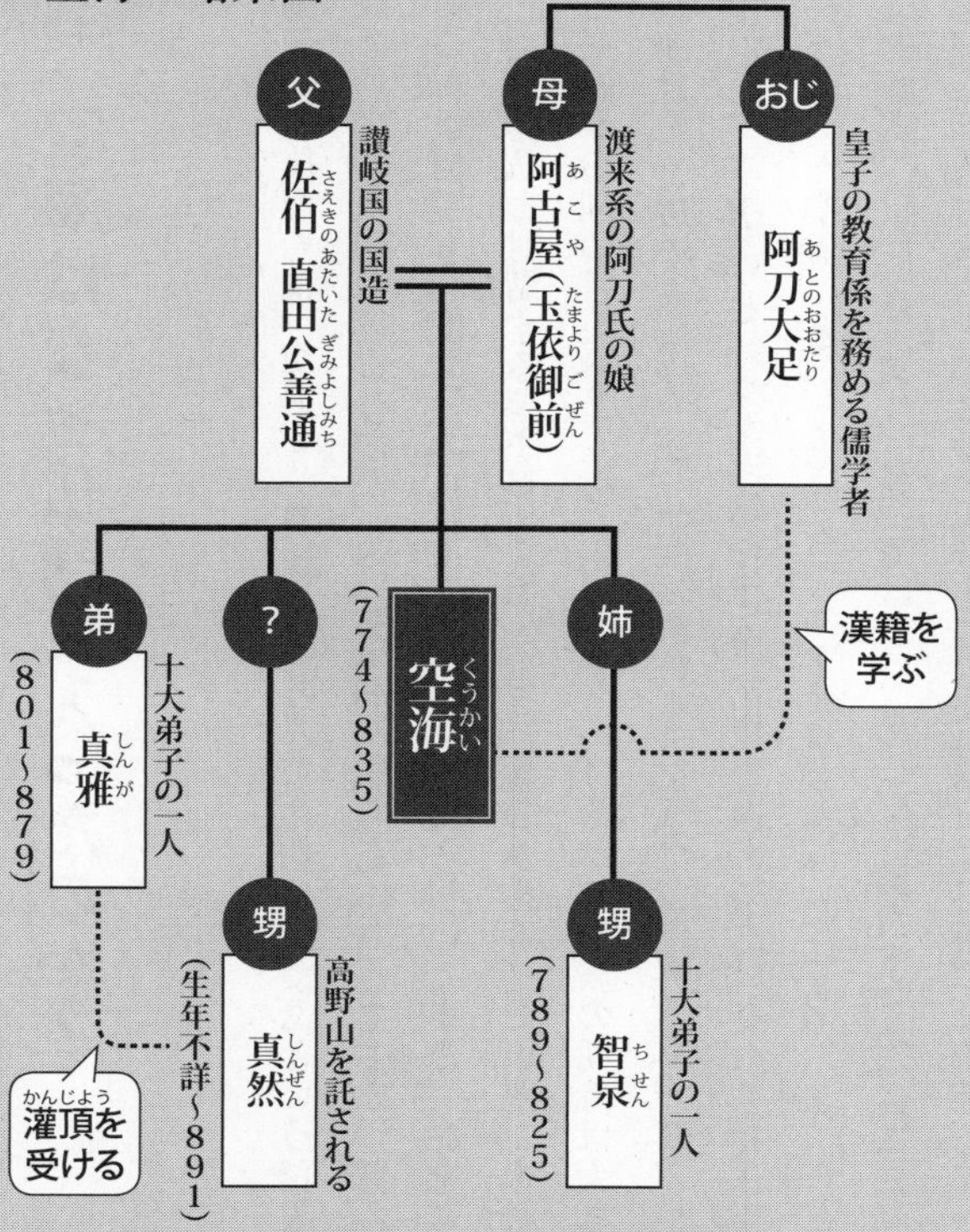

真然は、887年に西塔《さいとう》を建立し、高野山壇上《だんじょう》伽藍《がらん》を完成。伝法会《でんぽうえ》によって教学の興隆を図り、弟子を初代座主《しょだいざす》とした。

※十大弟子は131ページ参照

Q2 空海はなぜ仏門に入ったのか？

両親や親族たちは、空海を「貴物《とうともの》」と呼んで大切に育てたという伝説が残っている。空海は幼少の頃から近寄りがたいほど気品に満ちあふれ、なおかつ読み書きなど、教えることは何でも一度で飲み込むほど聡明だったらしい。また、泥をこねて仏像をつくったり、仏と対話する夢を見るなど仏教に親しみを寄せていた。逸材の成長に、一地方豪族から国の官吏へと、佐伯の家名をあげるべく一族の期待は大きかった。

空海は十三歳から国学（国ごとに設けられた地方官吏養成の教育機関）で学ぶ。『論語《ろんご》』や『孟子《もうし》』といった漢籍や律令《りつりよう》制度を教わるも、それらは入学前にすでに学び終えていた空海にとっては、もてあます日々だったにちがいない。そこで延暦《えんりやく》七年（七八八）、十五歳になった空海はおじ・阿刀大足《あとのおおたり》のすすめで都にのぼった。

延暦三年（七八四）にはすでに長岡京（京都府向日市《むこう》）に遷都しているが、大学はまだ平城京（奈良市）に残されていたようだ。空海がどちらの都にのぼったのかは定かではないが、上京の目的は大学入学のための、いわゆる受験勉強だった。十八歳で大学に入学を許され、明経科《みようぎようか》で高級官吏となるために必要な経書《けいしよ》を学ぶ。

空海は大学での勉学ぶりを「昔の人のように雪明かりや蛍《ほたる》の光のもとで、首に縄を巻き錐《きり》で膝《ひざ》を突いて眠気を覚まし、自分を叱咤《しつた》して勉強に励んだ」と、著書の『三教指帰《さんごうしいき》』に書いている。しかし、入学前におじの大足から教育を受けていた空海にとって、大学での勉強もすぐに飽き足らないものになった。

また、当時の大学には貴族の子弟しかおらず、エリート官吏として出世に箔《はく》をつける意味しかなかった。空海は、そんな学生たちの姿勢や世の中の不条理に疑問を感じるようになっていった。そうした満たされない気持ちを埋めるものは、子供の頃から親しんできた仏教だった。空海は奈良の諸大寺を訪ね歩くようになり、ある日一人の山林修行僧から「虚空蔵求聞持法《こくうぞうぐもんじほう》」という修法《しゆほう》を授かったといわれる。その僧は、南都七大寺の一つ大安寺《だいあんじ》の勤操《ごんぞう》とも戒明《かいみよう》ともいわれるが定かではない。いずれにしても、それを機に大学を辞めて仏の道に進むことを決意する。

Q3 空海はどんな修行をしたのか？

大学を退学し、エリート官吏としての道を捨てた空海。彼が目指したのは、国家公認の僧（官僧）ではなく、私度僧《しどそう》と呼ばれる山林修行者の道だった。延暦《えんりゃく》十二年（七九三）、大安寺《だいあんじ》の高僧・勤操《ごんぞう》（七五四〜八二七）の私寺である和泉国《いずみのくに》の槇尾山寺《まきのおさんじ》（大阪府和泉市の施福寺《せふくじ》。江戸時代に天台宗に改宗）で出家得度《とくど》したとされる。

空海が勤操もしくは戒明《かいみょう》といわれる山林修行者から授かったとされる「虚空蔵求《こくうぞうぐ》聞持法《もんじほう》」とは、無量の智慧《ちえ》と福徳をそなえた虚空蔵菩薩《こくうぞうぼさつ》の真言《しんごん》（仏の真実の言葉）を百万回となえれば呪力《じゆりよく》が身につき、超人的な記憶力と理解力が得られるというものだ。具体的にいえば、「ノウボウ　アキャシャ　キャラバヤ　オン　アリ　キャマリ　ボリ　ソワカ」という真言を五十日あるいは百日の間に百万回となえるのである。

空海に虚空蔵求聞持法を伝えたといわれる僧の一人・戒明（生没年不詳）は、大安寺の道慈《どうじ》（？～七四四）の孫弟子にあたる。道慈は入唐《につとう》し、真言密教の八祖《はっそ》の一人である善無畏《ぜんむい》の教えを受けて虚空蔵求聞持法をいち早く日本に伝えた僧だ。

空海が山林修行者の集団と行動をともにしていたかは定かではないが、畿内《きない》や四国で壮絶な修行を続けたことが伝えられている。空海は『三教指帰《さんごうしいき》』で「あるときは金《こん》巌《がん》（奈良県吉野町の金峯山《きんぷせん》）に登って修行しているときに吹雪にあって苦しみ、またあるときは石峯《せきほう》（四国の石鎚山《いしづちさん》）で断食修行などの苦行を重ねた」と回想している。

二年三年と山林修行に明け暮れる空海の身心は研ぎ澄まされていき、ある日、神秘的な体験をする。土佐《とさ》の室戸岬《むろとざき》で虚空蔵求聞持法を修行中、水平線のかなたに突如、虚空蔵菩薩の化身とされる明星《みようじよう》が現れ、それがどんどん近づいてきて、空海の口の中に飛び込むという体験だった。つまり、空海と仏が一体になったということである。この体験を通して、空海は自分が選んだ道が間違いないことを確信した。

そして空海は延暦十六年（七九七）、二十四歳のときに出家宣言書ともいうべき『三教指帰』を完成させたのである。この中で儒教・道教・仏教の三つの教えを比較して論じ、仏教が最も優れていることを著している。

Q4 空海はどこで『大日経』と出合ったのか？

二十四歳で『三教指帰《さんごうしいき》』によって仏道に対する明確な意志を示した空海だが、それから延暦《えんりやく》二十三年（八〇四）に遣唐使《けんとうし》の一員として入唐《にっとう》するまでの七年間の消息はわかっていない。いわゆる「空白の七年間」である。

あくまでも伝説の域を超えるものではないが、その間に空海は求道《ぐどう》のために二つのことを行っている。一つはいうまでもなく仏教の探究であり、もう一つは入唐のための準備である。

まず仏教の探究についてであるが、空海は南都七大寺の東大寺や大安寺《だいあんじ》を拠点として経典を読みふける日々を過ごした。「虚空蔵求聞持法《こくうぞうぐもんじほう》」を成就しただけに、超人的な記憶力と理解力を発揮してほぼすべての経典を読み尽くした。しかし、どの経典も彼の求める真理を見いだすものではなかった。

空海は東大寺の大仏殿に籠《こ》もり、「私に唯一無二の経典を示したまえ」と誓願した。するとある日、「大和国高市郡《やまとのくにたかいちごおり》の久米寺《くめでら》（奈良県橿原《かしはら》市）に行くがよい」という仏の夢告《むこく》があった。早速、久米寺を訪ねてみると、その東塔《とうどう》に『大日経《だいにちきょう》』が眠っていたのである。

『大日経』は、真言密教の八祖《はっそ》である善無畏《ぜんむい》とその弟子の一行《いちぎょう》によって七二四年に漢訳され、日本にもまもなく伝わっていたが、梵語《ぼんご》（古代インドのサンスクリット語）が含まれており、難解で僧侶に見向きもされていなかったのである。

『大日経』の内容は、空海の碩学《せきがく》をもってしても「さとりとは、すべてのものを救おうと思う慈悲の心であり、それを求めて努力する決意、つまり菩提心《ぼだいしん》である」ということ以外は不明だった。ただ空海は、これまで出合ったことのない仏教である〝密教〟に真理が隠されていることを直感したのである。

空海は『大日経』を研究するほどに、正師《しょうし》を求めて中国へ渡りたいという思いが募った。しかし、遣唐使団は宝亀《ほうき》十年（七七九）以来しばらく中断している時期だった。それでも空海は、入唐求法《ぐほう》の望みを捨てず準備を進めたのである。

Q5

空海は留学費用をどうやってつくったのか？

「空白の七年間」に行った入唐《にっとう》の準備に関して探ってみよう。

空海が唐に渡る目的は、正師《しょうし》を探して純粋な密教を修め、密教の典籍や法具を日本へもたらすことである。そのためには、語学力に加えて莫大《ばくだい》な留学費用が必要だった。その両方を手に入れる鍵を、空海は知っていたようだ。

その一つは、日本中の山林で鉱物資源を採掘する鉱山技術者の協力を得ることだった。日本の鉱物採掘は古くから渡来人が担っていたといわれる。そして、山林修行者と鉱山技術者は深いつながりがあった。いや、山林修行者＝鉱山技術者ということも少なからずあったと考えられる。

中国では古くから道教の修行者が〝不老不死の仙薬〟として水銀をはじめ鉱物を利用していた。それは古代日本にも伝わっており、山林修行者が鉱物採掘や精錬の技術を持ち、山の民たちを指導していた。修験道《しゅげんどう》の開祖といわれる役小角《えんのおづぬ》（役行者《えんのぎょうじゃ》、六三四～七〇一？）が鉱物資源の採掘にあたっていたことは知られている。その役小角も渡来系だといわれる。

確かに、四国八十八ヶ所霊場をはじめ空海の山林修行の拠点は、鉱物資源が豊富な「中央構造線」と呼ばれる日本列島の大断層の上にある。これは偶然とはいいがたい。

空海は大学を中退して修行中、金峯山《きんぷせん》（奈良県吉野町）や太龍嶽《たいりゅうのたけ》（徳島県阿南《あなん》市）などを転々としていたことからも、鉱山技術にふれていたことは確かである。だから、空白の七年間にも鉱物採掘に関わる山林修行者と接触し、彼らから留学費用の提供を受け、その見返りとして中国から最新の採掘・精錬技術を持ち帰るという約束があっても不思議ではない。各地に空海ゆかりの鉱山があるのもうなずける。

そもそも、渡来系といわれる母方の阿刀《あと》氏は産鉄に関わっており、父方の佐伯《さえき》氏も砂鉄や水銀の採鉱をつかさどっていたともいわれている。

また、空海は鉱物採掘に携わる渡来人から中国語を習っていたと考えられる。入唐前にはすでに中国語をほぼマスターしていた。空海と同じ遣唐使団で入唐した最澄《さいちょう》

（七六七？〜八二二）は通訳者を同行していたというが、語学面で空海は相当なアドバンテージがあったことだろう。

こうして入唐の機会をうかがう空海のもとに、久しく途絶えていた遣唐使団の派遣決定の知らせが届く。延暦《えんりやく》二十二年（八〇三）、二十四年ぶりに遣唐使船の船団が出航する。しかし、空海はこの一行に名を連ねることはできなかった。

ところが、その船団は難波津《なにわのつ》（大阪港）を出航後まもなく嵐に遭ってしまう。そこで翌年に仕切り直しとなった。そのとき筑紫国《つくしのくに》（九州北部）に留《とど》まった船には、最澄が乗っていた。最澄はすでに仏教界の第一人者であり、還学生《げんがくしょう》（国費派遣の短期留学の僧）という立場だった。一方、留学生《るがくしょう》（私費留学の僧）には二十年以上の唐での滞在が義務づけられていた。

当時、遣唐使船が難破すると、縁起が悪いということから私費の留学生は全員入れ替えられたようだ。欠員補充のため、空海にも留学生として名を連ねるチャンスができた。しかし、私度僧《しどそう》のままでは留学できないことから国家公認の東大寺戒壇院《かいだんいん》で受戒し、官僧となる。異例の早さで受戒できたのは、おじである阿刀大足《あとのおおたり》のバックアッ

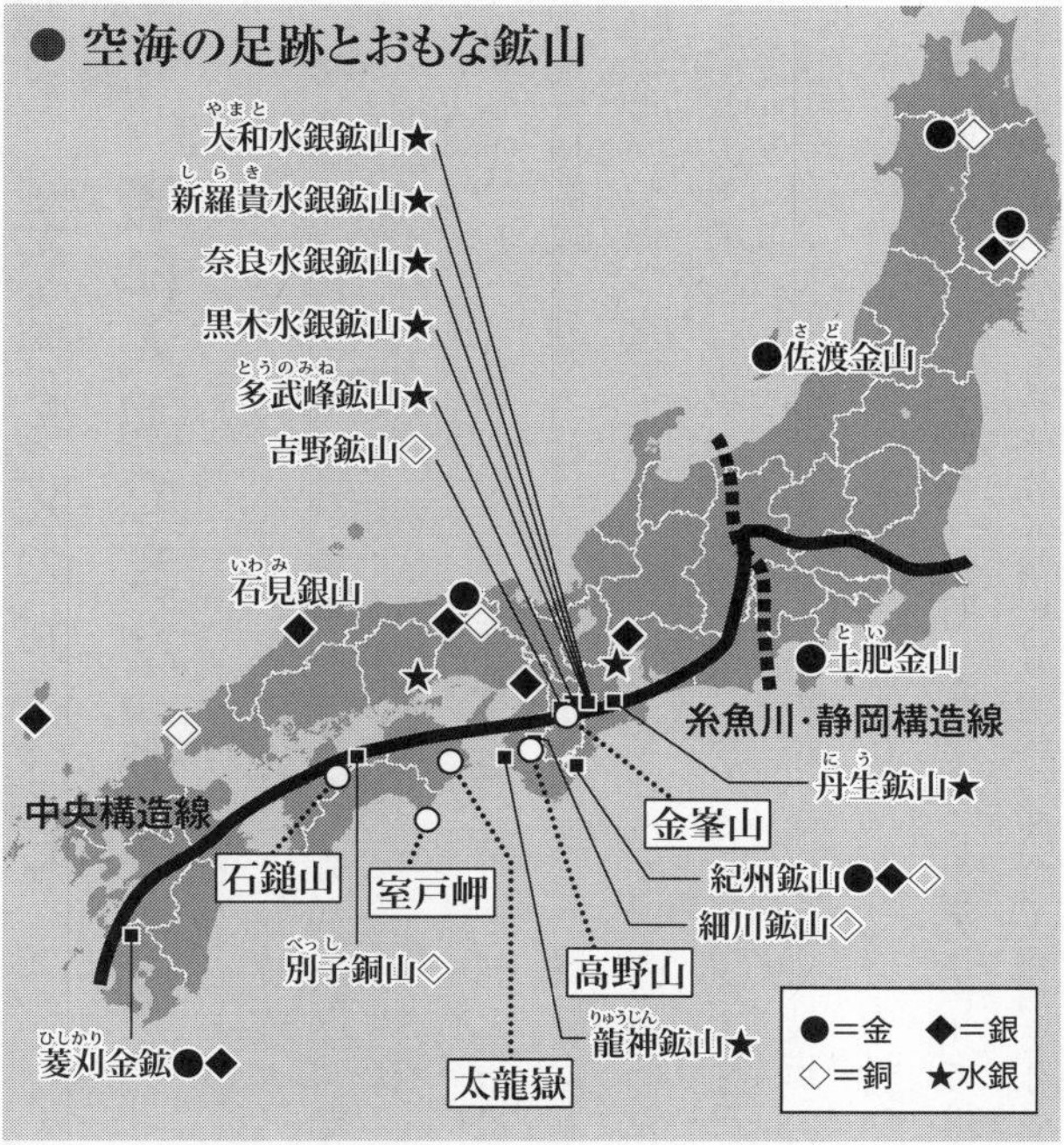

プも大きかっただろう。また、東大寺や大安寺で経典探究を重ねていた空海の名は、私度僧であっても奈良仏教界に知れわたっていたこともあるだろう。

いずれにしても延暦二十三年（八〇四）、最澄と空海を乗せた遣唐使船四隻は船団を立て直し、肥前国田浦《ひぜんのくにたのうら》（長崎県平戸市）の港を旅立った。

Q6

空海の名文のおかげで唐に入国できたって本当？

延暦《えんりゃく》二十三年（八〇四）、空海らを乗せた遣唐使船は四隻で、使節団には空海と最《さい》澄《ちょう》のほかに、〝日本三筆《さんぴつ》〟の一人として知られる 橘 逸勢《たちばなのはやなり》、そして遣唐使大使の藤原《ふじわらの》葛野麻呂《かどのまろ》がいた。空海、橘逸勢、藤原大使は第一船に、最澄は第二船に乗り込んでいた。

遣唐使船は五月十二日に再び難波津《なにわのつ》を出航し、経由地の肥前国田浦《ひぜんのくにたのうら》を七月六日に出て東シナ海から揚子江《ようすこう》を目指した。ところが海上で嵐に見舞われて、第四船は難破して行方不明に、第三船は日本に引き返した。最澄の乗る第二船は二カ月近く漂流して九月一日に、目的の明州《みんしゅう》の寧波《ねいは》（現在の浙江省寧波市《せっこうしょうニンポー》）に到着。

そして空海の乗る第一船は一カ月余り漂流して八月十日に、予定より相当南の福州《ふくしゅう》（現在の福建省《ふっけんしょう》）の赤岸鎮《せきがんちん》に漂着した。ところが、福州では密輸船ではないかと疑われ、全員が船から下ろされて留め置かれ、砂浜で寝泊まりさせられるという屈辱的な待遇を受けた。藤原大使が福州の観察使《かんざつし》・閻済美《えんさいび》に書状を送るも聞き入れられない。そこで白羽の矢が立ったのは、漢籍に通じ能筆家でしかも文才あふれる空海だった。「伏《ふく》して惟《おもんみ》れば、大唐《だいとう》の聖朝《せいちょう》、霜露《そうろ》の均《ひと》しうする攸《ところ》、皇王《こうおう》よろしく宅《いえ》とすべし」と始まる『大使、福州の観察使に与うるが為の書』は韻《いん》を踏んだ格調高い名文で、閻済美はこの嘆願書に感銘して空海らの唐の都・長安《ちょうあん》（現在の陝西省《せんせいしょう》西安市）行きを認めたという。

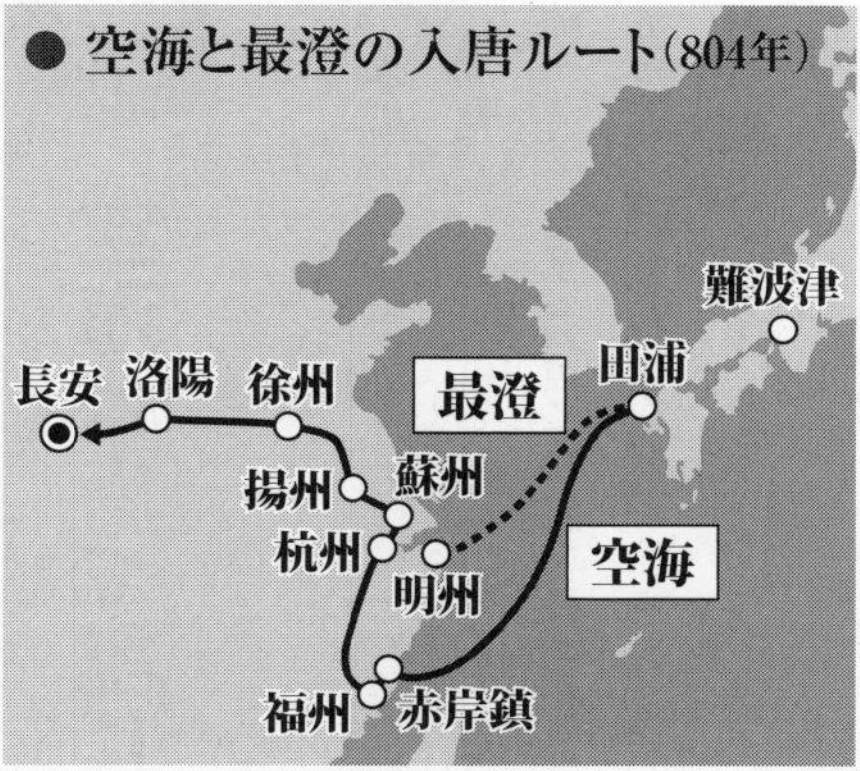

●空海と最澄の入唐ルート（804年）

福州から長安までは二千キロ余りある。一行は十一月に福州を出発し、十二月二十三日によようやく長安に到着した。当時の長安は世界の文化・思想が集まる国際都市で、人口は百万人におよんだといわれる。空海の密教求道《ぐどう》は、『西《さい》遊記《ゆうき》』で知られる玄奘《げんじょう》が建てたと伝わる中国史上最大寺院の西明寺《さいみょうじ》を拠点として始まった。

Q7 空海は唐で誰に学んだのか？

空海がまず長安《ちょうあん》で行ったのは、梵語《ぼんご》の習得と密教の情報収集だった。空海にとって幸運だったのは、西明寺《さいみょうじ》から遠くない醴泉寺《れいせんじ》にいた般若三蔵《はんにゃさんぞう》と牟尼室利三蔵《むにしりさんぞう》という二人のインド僧に知己を得たことだった。二人から梵語を学び、またインドの仏教事情についても知ることができた。彼らは、唐《とう》で密教の奥義を究《きわ》めるなら師とするのは青龍寺《せいりゅうじ》の恵果《けいか》（七四六〜八〇五）をおいて他にないとアドバイスしてくれた。

恵果は、大日経《だいにちきょう》系と金剛頂経《こんごうちょうぎょう》系という密教の二つの流れの両方を受け継ぎ、それを一つの教義として確立した正統密教の祖師である（182ページ参照）。そして恵果は高齢のうえ、病床にあることも教えてくれた。

空海ははやる気持ちを抑え、わずか三カ月で梵語をマスターした。そして国際都市長安で見聞をひろめながら、恵果に師事する機会をうかがった。

チャンスは意外に早くやってきた。八〇五年四月、西明寺の僧らと青龍寺の門をたたいた空海は、恵果との対面を果たすことができたのである。

恵果は「私はそなたが来ることを知り、待っていた。時間がない。正統密教を授けるのはそなたしかいないのだ」といい、空海の来訪を喜んだ。当時の青龍寺には、恵果の教えを求めて千人もの弟子たちがひしめきあっていた。それでも恵果は、空海をひと目見た瞬間に嗣法《しほう》を決めたのである。

中国・西安市の青龍寺に建つ空海記念碑。四国四県の寄進により1982年建立（写真・フォトライブラリー）

それから三カ月、恵果はわずかに残された自身の命の限りを尽くして、空海に正統密教の修法《しゅほう》・秘儀のすべてを伝授し、伝法灌頂《でんぽうかんじょう》を授けた。こうして空海は密教の最高位である伝法《でんぽう》阿闍梨《あじゃり》を継承して真言密教第八祖となり、密教の正統は中国から日本へ伝えられることになる。

Q8 空海が唐から持ち帰ったものは？

空海に伝法灌頂《でんぽうかんじょう》を授けた恵果《けいか》は、日を追って体力が衰えていった。そのなかにあっても、空海に密教経典や法具を日本へ持ち帰らせるために力を尽くした。

宮廷に仕える十数人の画家に両部の大曼荼羅《だいまんだら》を描かせ、鋳造師たちには必要な密教法具をつくらせ、法会《ほうえ》に必要な袈裟《けさ》も織物職人に注文した。経典の書写には写経者を二十名以上集めたといわれる。また、恵果の師である不空《ふくう》から授かった品々や自身の遺品も空海に与えた。

恵果は臨終前のある日、空海を枕元に呼んだ。「私の命は尽きようとしている。そなたにすべてを伝え、もう心残りはない。一刻も早く日本へ帰り、正統密教を天下にひろめ人々に福を与えよ」――これが最後の言葉となり、八〇五年十二月十五日、六十年の生涯を終えた。年が明けて一月十六日、恵果の葬儀では空海が弟子を代表して追悼の碑文《ひぶん》を書いた。恵果の葬儀を終えた空海は、傷心のなかにあっても日本へもたらす経典や書物の収集、書写を精力的に進めた。

そして帰国の準備を終えて二月には長安を後にし、四月に越州《えつしゅう》（現在の浙江省《せっこうしょう》紹興市《しょうこう》）に入る。乗船待ちのため、そこに四カ月滞在するが、その間にさまざまな分野の書物を集めた。それは仏教関連だけではなく、医学、工学、文学、占星術など幅広い分野にわたっていた。

留学生《るがくしょう》の空海は本来、唐《とう》に二十年以上の滞在を定められていたが、わずか二年余りで帰国の途につく。国禁を犯した罪は重いものだが、持ち帰った品々を記録した『御請来目録《ごしょうらいもくろく》』を朝廷に提出し、早期帰国の許しを求めた。

●『御請来目録』の品々

【経巻・和本冊子】

新訳の密教経典	142部247巻
梵字真言など	42部44巻
論疏類（注釈書）	32部170巻

【密教法具ほか】

図像	大曼荼羅ほか10点
法具	金銅の密教法具9種
恵果付与のもの	祖師図や袈裟など13種

Q9 空海は入京して最初に何をしたのか？

大同《だいどう》元年（八〇六）十月、空海を乗せた船は筑紫国博多津《つくしのくにはかたのつ》（福岡市）に帰着した。空海は官寺の観世音寺《かんぜおんじ》（福岡県太宰府市《だざいふ》）に留め置かれ、朝廷からの入京許可を待つことになった。すぐにでも真言密教の布教を始めたかったのだが、許可はなかなか下りなかった。その頃、朝廷では桓武《かんむ》天皇の崩御《ほうぎょ》により政情の不安定が続き、一人の留学生《るがくしょう》の無断帰国問題を取り扱っている状況ではなかったようだ（42ページ参照）。

入京の許可が下りたのは三年後の大同四年（八〇九）七月のことだった。これには最澄《さいちょう》の推薦があったといわれる。最澄は『御請来目録《ごしょうらいもくろく》』を目にして驚いた。体系的に整理された密教の新経典や曼荼羅《まんだら》などを持ち帰ってきていたからである。そこで最澄は、空海がいかに仏教界にとって重要な人物であるかを朝廷へ働きかけたようだ。

じつは、空海は同年四月、嵯峨《さが》天皇（七八六～八四二）の即位を知るや、許可を待たずに観世音寺を後にして和泉国《いずみのくに》の槇尾山寺《まきのおさんじ》に移っていた。槇尾山寺は、空海が出家得度したといわれている寺院だ。得度の師・勤操《ごんぞう》を頼ってか、空海はここで都の様子をうかがっていたのだろう。空海の動向は朝廷にも知らされていたようで、入京許可の通達は、和泉国の国司《こくし》に出されている。

ようやく入京できた空海は、都の北にある高雄山寺《たかおさんじ》に入った。高雄山寺は、平安京遷都の指揮にあたった和気清麻呂《わけのきよまろ》（七三三～七九九）一族の菩提寺《ぼだいじ》で、清麻呂の建立。和気氏は最澄の熱心な支援者だったことから、こちらも最澄の尽力があったらしい。

空海は、高雄山寺を真言密教の最初の拠点とした。その手始めに行ったのが、弘仁《こうにん》元年（八一〇）の鎮護《ちんご》国家を祈る加持祈禱《かじきとう》である。「薬子の変《くすこのへん》」（42ページ参照）が起こったその年、空海は嵯峨天皇に加持祈禱の許可を申し出て許され、暮れから翌年正月にかけて七日間の修法《しゅほう》を行った。これにより嵯峨天皇の信頼を得ることになる。

そしてのちの話となるが、天長《てんちょう》元年（八二四）、嵯峨天皇は高雄山寺を「神護国祚《じんごこくそ》真言寺《しんごんじ》」（略して神護寺《じんごじ》）と改称して勅願寺とし、空海に下賜したのである。それは、空海の晩年のことであり、嵯峨天皇との関係は生涯続いた。

Q10

最澄が空海の弟子ってホント!?

最澄《さいちょう》は空海より七歳年上で、遣唐使《けんとうし》として唐に渡るときにはすでに名声を得ていた。唐ではおもに天台教学を学び、当時隆盛だった密教の灌頂《かんじょう》（102ページ参照）も受けて一年後に帰国し、桓武《かんむ》天皇の大歓迎を受けた。そして翌年の大同《だいどう》元年（八〇六）に比叡山《ひえいざん》を総本山として天台宗を開き、年分度者《ねんぶんどしゃ》（各宗に割り当てられた官僧の人数）二人を出すことが認められた。

しかし、最澄にとって大誤算だったのは、年分度者二人のうち、一人は天台教学を学ぶ僧、もう一人は密教を学ぶ僧と決められたことだった。すでに朝廷内でも密教の加持祈禱《かじきとう》を重要視する声が高まっていたのである。最澄は唐で天台教学については完全に修めたが、密教に関しては不備が多いことを自身でもわかっていた。

そんなときに空海が密教の正統を受け継いで帰国したのである。空海の『御請来《ごしょうらい》目録《もくろく》』を見た瞬間に、密教の知識において空海とは雲泥の差があることをさとったのだろう。最澄は、空海への手紙に「弟子、最澄」と署名して、密教経典の借用願いを何度も書いているのである。空海は、求めに応じて経典を貸している。

そして弘仁《こうにん》三年（八一二）十月、最澄は弟子を引き連れて空海のもとを訪れ、結縁《けちえん》灌頂《かんじよう》を受けたいと願い出る。空海は快諾し、翌月に金剛界《こんごうかい》（金剛頂経《ちようぎよう》系）の結縁灌頂を授けた。これで最澄は正式に空海の弟子となった。さらに翌月、胎蔵《たいぞう》（大日《だいにち》経《きよう》系）の結縁灌頂も授けている。

最澄はさらに、伝法阿闍梨《でんぽうあじやり》（師僧）になるための伝法灌頂を授かりたいと申し出た。しかし空海は、それには梵語《ぼんご》も学習しなければならないし、密教は経典で学ぶだけでなく実修によって究めるものなので、最低でも三年の実修が必要だと伝えた。

仏教界の第一人者である最澄にそのような時間をつくることはできない。最澄は数人の弟子を空海に預け、密教修行にあたらせた。ところが、弟子の中の一人、泰範《たいはん》（七七八～?）がそのまま空海の弟子になってしまったのだ。そんなこともあって、空海と最澄の関係は疎遠になっていった。

Q11 嵯峨天皇と空海の関係は？

嵯峨《さが》天皇と空海が固い絆《きずな》で結ばれたのは、弘仁《こうにん》元年（八一〇）に空海が鎮護国家の加持祈禱《かじきとう》（104ページ参照）を行ったことによる。「薬子の変」の鎮圧直後だったからこそ、真言密教と空海の名を世の中に強く印象づけることになった。

薬子の変とは、嵯峨天皇の兄の平城《へいぜい》上皇に政権の復権をそそのかした上皇の愛妾《あいしょう》・薬子とその兄の藤原仲成《ふじわらのなかなり》らを、嵯峨天皇が鎮圧した事件である。父・桓武《かんむ》天皇の崩御《ほうぎょ》により即位した平城上皇だが、もともと病弱だったため三年後に発病。病を、謀反《むほん》の罪で死に至らせた異母弟の伊予親王《いよしんのう》の怨霊《おんりょう》によるものと考え、嵯峨天皇に譲位して平城京に隠居したのが発端だった。

当時の為政者たちは常に怨霊に悩まされていた。だから空海は、真言密教を最高のタイミングでアピールするチャンスをうかがっていたのだろう。その戦略はズバリ的中した。しかし、唐《とう》から正統密教を受け継いで帰国したとはいえ、まだまだ一介の僧でしかない空海の加持祈禱の申し出を、時の天皇が二つ返事で許すだろうか——。

じつは、嵯峨天皇と空海の関係はその前年から始まっていた。

大同《だいどう》四年（八〇九）十月、高雄山寺《たかおさんじ》に入った空海は、五月に即位したばかりの嵯峨天皇に請われて『世説新語《せせつしんご》』（中国・後漢《ごかん》末期から東晋《とうしん》時代までの著名人の逸話を集めた小説集）の一文を屏風《びょうぶ》に書いて献上しているのだ。書や詩歌など文芸の教養が高く、唐風文化をこよなく愛していた嵯峨天皇は、空海が書いた『御請来目録《ごしょうらいもくろく》』には当然目を通していただろうから、空海が書を能《よ》くすることは一目瞭然《りょうぜん》である。

このとき嵯峨天皇は二十四歳。若き天皇にとって、十二歳年上の空海は憧《あこが》れの存在だったのではないだろうか。ともに〃日本三筆〃にかぞえられる二人である。

弘仁五年（八一四）には嵯峨天皇が七言律詩《しちごんりつし》（七言八句の定型詩）をつくり、空海のもとに綿布《めんぷ》百屯《とん》とともに贈っている。

その後の二人は私的にも公的にも交流を深めていく。そして空海は、嵯峨天皇の支援を受けながら仏教界のスーパースターへとのぼりつめていくのである。

Q12 なぜ空海は東大寺の別当職になったの？

弘仁《こうにん》元年（八一〇）十二月の鎮護国家の加持祈禱《かじきとう》の数カ月前、嵯峨《さが》天皇は、空海を東大寺の別当職《べっとうしょく》（管理責任者）に任じている。空海といえば高野山《こうやさん》や東寺《とうじ》を賜ったイメージが強いが、東大寺を任されたことは日本仏教界にとって重要な出来事である。

東大寺は華厳宗《けごんしゅう》の大本山として知られるが、当時は国家仏教の総本山としての機能があった。官僧となるには国家公認の戒壇院《かいだんいん》で受戒しなければならない。当時、戒壇院が置かれていたのは奈良の東大寺のほか、観世音寺《かんぜおんじ》（福岡県太宰府《だざいふ》市）と薬師寺《やくしじ》（栃木県下野《しもつけ》市）のみだ。さらに各宗の年分度者《ねんぶんどしゃ》の認定も東大寺が行っていた。

最澄《さいちょう》は唐で、まだ日本には伝わっていなかった大乗《だいじょう》菩薩戒《ぼさつかい》を授かった。それは、人のために尽くす菩薩として悪をせず善を行うことを誓う十戒などである。そして天台宗の開宗以来、東大寺などの具足戒《ぐそくかい》は釈迦《しゃか》以来の厳しい小乗戒であるから、比叡山《ひえいざん》に国家公認の大乗菩薩戒の戒壇院を設立すべきであると訴えつづけていた。それがようやく認められるのは弘仁十三年（八二二）、最澄が没して七日後のことである。

平安京遷都と最澄の台頭により衰退しつつあった奈良仏教界にとって、空海の東大寺別当職就任は、たとえ真言密教という新仏教の流入であっても歓迎すべきものだったようだ。それは空海が修行時代に奈良の諸大寺で経典探究に明け暮れていたこともあって受け入れやすかったのだろう。

弘仁二年（八一一）、空海は乙訓寺《おとくにでら》（京都府長岡京市）の別当職にも任じられた。乙訓寺は桓武《かんむ》天皇の時代に実弟の早良親王《さわらしんのう》が幽閉され死につながった寺院で、長岡京から平安京への遷都のきっかけとなった早良親王の怨霊《おんりょう》を鎮めよと嵯峨天皇の命《めい》を受けたのである。こうして真言密教は国家の仏教として急速に認知度を上げていった。

最澄が没した年（八二二）、空海は東大寺に灌頂《かんじょう》道場として南院（真言院）を建立した。つまり、国立の真言密教の灌頂道場が設置されたということである。そして華《け》厳宗《ごんしゅう》をはじめとする南都六宗《なんとろくしゅう》の伝統を生かしながら密教の風を吹き込んでいった。現在も続く東大寺の年中行事「お水取り」にも密教の修法《しゅほう》が取り入れられている。

Q13 空海が高野山を開いたのは、いつ？

空海は真言密教の本格的な修行道場を深山幽谷《しんざんゆうこく》に求めた。弘仁《こうにん》七年（八一六）六月、嵯峨《さが》天皇に紀伊国高野山《きいのくにこうやさん》の下賜《かし》を願い出る。四十三歳の年である。

「深山《しんざん》の平地、尤《もっと》も修禅《しゅぜん》に宜《よ》し。空海、少年の日、好んで山水を渉覧《しょうらん》す。吉野《よしの》より南に行くこと一日、西に向かって去ること両日ほどにして、平原の幽地《ゆうち》あり。名づけて高野《たかの》という。計《はか》るに紀伊国伊都郡《いとごおり》の南に当たれり。四面高嶺《しめんこうりょう》にして人蹤蹊《じんしょうみち》に絶えたり（訪れる人がいない）。今思わく、上は国家のために、下はもろもろの修行者のために荒藪《こうそう》をかりたいらげて、聊《いささ》か修禅の一院を建立せん。……」

上表文《じょうひょうもん》を読んだ嵯峨天皇は、わずか半月という異例の早さでそれを許し、紀ノ川《きのかわ》南嶺の七里四方を下賜した。

上表文からもわかるように、空海は「空白の七年」の間に数多くの山岳地で山林修行をしており、修行道場をつくるなら高野山をおいて他にないと決めていたようだ。

嵯峨天皇の信任が厚く、空海に帰依《きえ》していた藤原冬嗣《ふじわらのふゆつぐ》らは、もっと都に近い鞍馬山《くらまやま》などをすすめたが、気持ちは変わらなかった。高雄山寺《たかおさんじ》も東大寺も乙訓寺《おとくにでら》も自分の建てた寺院ではない。空海にとって高野山は、初めて自分が思いどおりに建てる真言密教の修行道場なのだから、妥協はなかった。

弘仁八年（八一七）、許可が下りるとすぐに空海は行動に移した。弟子の実慧《じちえ》と泰範《たいはん》を現地調査と整地作業のために向かわせた。彼らは山麓の丹生《にう》一族に資材の運搬や食糧の確保などの協力を要請し、伽藍《がらん》造営の準備をととのえた。

空海が現地に赴《おもむ》いたのは、翌年の弘仁九年（八一八）十一月のことである。空海はそのひと冬を高野山で過ごし、伽藍の配置を決め、翌年五月から建設に取りかかった。

その伽藍配置は、密教思想に根ざした空海独自のもので、胎蔵《たいぞう》（『大日経』の世界）を象徴する大塔《だいとう》、金剛界《こんごうかい》（『金剛頂経』の世界）を象徴する西塔《さいとう》、金堂《こんどう》（講堂）の配置によって、本尊・大日如来《だいにちにょらい》の宇宙観を表現している。しかし山中の作業は難航し、空海が定住できるようになったのは、開創から十五年後だった。

Q14 空海が高野山にまつった神様とは？

高野山壇上《だんじょう》伽藍《がらん》の西端に狩場《かりば》明神《みょうじん》と丹生都比売《にうつひめ》明神《みょうじん》をまつる御社《みやしろ》がある。これは、空海が高野山開創時に建てたものである。空海はまず、高野山の地主神《じしゅしん》を真言密教の守り神としてまつり、その加護をいただいて壇上伽藍を建立していったのである。ここには、空海の神仏習合思想がはっきりと見てとれる。

空海が高野山を密教修行の根本道場の地にふさわしいと確信した伝説がある。それは、狩場明神と丹生都比売明神にまつわるものだ。

空海が唐《とう》から日本へ帰国するとき、明州《みんしゅう》の波止場《はとば》から「真言密教をひろめるのにふさわしい地を教えたまえ！」と、手にしていた三鈷杵《さんこしょ》（100ページ参照）を海に向かって投げると、それは日本の方向へ飛んでいった。

帰国した空海は、紀伊国《きいのくに》あたりが修行の地にふさわしいだろうと行脚《あんぎゃ》していると、そこで二匹の犬を連れた猟師に出会った。空海が、修行に適当な土地の心当たりがないかたずねると、猟師は「それならいい土地があるので案内しましょう」と導いてくれた。そこは山林修行時代にも訪れたことがある高野山だった。そして驚いたことに、目の前の松の枝には、明州から投げた三鈷杵が引っかかっていた。その猟師は、じつは高野山の地主神である狩場明神だったのである。

空海はその夜、高野山中の神社に宿をとることにした。一人の女性が枕元に現れて、「私はこの山の主で丹生都比売である。そなたに、修行の地としてこの山をすべて授けよう」と申し出た。さらに、伽藍の建設にも協力しようといってくれたという。

狩場明神と丹生都比売明神は母子であるともいう。

そのときの三鈷杵が引っかかっていたといわれる松は、壇上伽藍の御影堂《みえどう》の前にあり、「三鈷《さんこ》の松《まつ》」と呼ばれている。松葉は通常二本に分かれているが、三鈷の松は三本になっているという特徴がある。

また、その三鈷杵は「飛行三鈷杵《ひぎょうさんこしょ》」と呼ばれ、至宝として高野山霊宝館に保管され、国の重要文化財にも指定されている。

Q15 空海が治水工事を三カ月で完成させたってホント!?

空海が故郷である讃岐国《さぬきのくに》の満濃池《まんのういけ》（香川県まんのう町）の治水工事を行ったのは、弘仁《こうにん》十二年（八二一）六月中旬から九月初旬までの約三カ月間である。

すでに正統密教の継承者としてその名が世にひろまっていた空海は、高野山壇上《だんじょう》伽《が》藍《らん》の造営と高雄山寺《たかおさんじ》の運営、そして東大寺では別当職を辞していたものの密教化事業は続けていた。さらに宮中から命じられる加持祈禱《かじきとう》などで多忙を極めていた。

満濃池は、丸亀《まるがめ》平野を潤す灌漑《かんがい》用の溜池《ためいけ》として大宝《たいほう》四年（七〇四）に完成するも、しばしば決壊して下流域の村々に大きな被害を出していた。そして弘仁九年（八一八）の大決壊からは、朝廷から何人もの官吏がやってきて修復にあたったがまったく進まない状態だった。

空海の法力《ほうりき》と土木技術に頼りたいという地元住民の声を受けた国司は、朝廷に上申する。空海はそれを快諾し、多忙のなかを讃岐へ向かったのである。

空海は、最新の土木技術をもって指揮にあたるとともに、護摩《ご》焚《まだ》きのほかさまざまな修法《しゅほう》で工事の無事を祈った。そして四国中から集まってきた人々が空海の的確な指揮に導かれて働き、わずか三カ月で修復工事を完成させた。空海の用いた技術は、水の圧力を分散させるというアーチ状の堤防で、現在の堤防工法の基本になっている。

空海が治水工事を行った満濃池《まんのういけ》。ホタルの生息地としても知られる（写真提供・香川県まんのう町地域振興課）

そのため技師者たちが見学に訪れている。ただ、現在の技術をもってしてもとうてい三カ月の工期では完成できる工事ではないため、空海が設計したというよりも工事の最終段階に加わったのではないかとも考えられている。

それでも空海は、そのほかにも大和国《やまとのくに》の益田池《ますだいけ》（奈良県橿原《かしはら》市）の治水工事、摂津国《せつつのくに》の大輪田泊《おおわだのとまり》（兵庫県神戸市）の港湾工事などで手腕を発揮したのだから、類《たぐい》まれなる法力を持つとはいえ、有能な土木技師でもあったということだろう。

Q16 「真言宗」は東寺が初めて名乗った？

弘仁《こうにん》十四年（八二三）、嵯峨《さが》天皇は東寺《とうじ》を空海に下賜した。

東寺は、西寺《さいじ》とともに平安京遷都の二年後の延暦《えんりゃく》十五年（七九六）に建立された。両寺は、桓武《かんむ》天皇が平安京鎮護《ちんご》のために玄関口である羅城門《らじょうもん》をはさんで東西に建てた官寺である。西寺のほうは、守敏《しゅびん》という三論宗《さんろんしゅう》と法相宗《ほっそうしゅう》を修めた僧が入り、整備を進めていた。そして東寺の整備は空海に託された。真言密教の寺院として整備することを期待してのことである。

これには理由がある。嵯峨天皇は、空海が高野山の造営にかかりきりになり、京に戻らなくなるのではないかと危惧《きぐ》していたようだ。しかし、空海にとっても願ってもないことだった。資金不足で高野山の造営に苦難していたから、都に拠点を築き浄財を得るチャンスととらえたことだろう。

空海は、高野山を修行の根本道場に、東寺を「教王護国寺《きょうおうごこくじ》」と改称し密教布教の根本道場に位置づけた。当時は一つの寺院に複数の宗が混在することが一般的だったが、東寺を密教の専門道場として「真言宗」という宗名を初めて名乗った。

その頃、東寺の伽藍《がらん》は金堂《こんどう》（本堂）しかなく、本尊として薬師如来像《やくしにょらいぞう》がまつられていた。空海はここに密教寺院としての伽藍配置をプランニングした。なかでも圧巻なのが第二の本堂として建てた講堂である。内部は、密教の教えを具現化するため、躍動感にあふれた二十一体の仏像を配置した立体曼荼羅《りったいまんだら》となっている。残念ながら空海の存命中に完成を見なかったが、当初の十五体が現存し国宝に指定されている。

東寺は空海の活躍で繁栄したが、西寺はのちに廃寺となる。それは、天長《てんちょう》元年（八二四）に行われた空海と西寺の守敏との祈雨《きう》の加持対決による影響が大きかったのかもしれない。最終日の七日目、守敏は都に雨を降らせたが、空海は降らせることができなかった。しかし、それは守敏が雨を呼ぶ龍神《りゅうじん》を瓶《びん》に閉じ込めていたからだった。そこで空海は、インドの雨の神・善如龍王《ぜんにょりゅうおう》を呼び寄せて、都の内外に三日三晩雨を降らせたという伝説がある。

Q17 空海が日本で最初の庶民のための学校をつくった!?

天長《てんちょう》五年(八二八)頃、空海は東寺《とうじ》の東隣に、庶民のために私立学校「綜藝種智《しゅげいしゅち》院《いん》」を開校した。綜藝種智院という名前は「学問を総合的に学ぶことにより智慧《ちえ》の種が芽生える」という意味である。

平安初期の教育制度は、中央の高級官吏養成機関として都に大学があり、地方官吏養成機関として国ごとに国学があった。入学資格には厳しい制限があり、大学は原則として律令制における五位以上の身分の子弟が試験に合格すること、国学では国司や郡司《ぐんじ》の子弟に入学が許された。私立の学校もあったが、それは有力貴族が一族の子弟だけを学ばせる学校だった。たとえば、藤原氏は勧学院《かんがくいん》、和気《わけ》氏は弘文院《こうぶんいん》、橘《たちばな》氏は学館院《がっかんいん》などである。いずれにしても、一般庶民が学校で学ぶチャンスは皆無だった。

空海は、皆同じ仏性《ぶっしょう》(仏と変わらない心)を持つ仏子《ぶっし》なのだから、身分に関係なく教育機会を得られるのは当然のことであると主張した。そして、大学や国学では儒教中心の教育だったが、綜藝種智院では儒教・道教・仏教などを偏らずに教える総合教育を目指した。この兼学の精神は、すべての教えを受容する密教の教えにつながる。さらに、授業料は無料、食事や衣類も完全給付制とした。

空海は『綜藝種智院式《しゅげいしゅちいんしき》并序《ならびにじょ》』（『性霊集《しょうりょうしゅう》』巻十）を著して設立趣旨を述べ、恒久的な運営のために広く協力を求めた。周囲からは「無益な事業ではないか」「理想は高いが長続きするはずがない」と批判的な声もあった。しかし一方で支援者も現れた。前中納言《さきのちゅうなごん》・藤原三守《ふじわらのただもり》が空海の設立趣旨に賛同して、東寺に隣接した私邸を提供したのである。こうして空海が理想とする綜藝種智院は開校した。

しかし、開校当初こそ支援者の協力により運営できていたが、承和《じょうわ》二年（八三五）に空海が入定《にゅうじょう》（60ページ参照）し、その五年後に藤原三守が亡くなってからは、資金不足と後継者不在のために閉校を余儀なくされた。

明治十四年（一八八一）、空海の建学精神に基づいて真言宗僧侶の養成機関として綜藝種智院が再興され、現在は種智院大学（京都市）となっている。

Q18 空海は書の達人、文章の達人でもあった⁉

空海は、嵯峨《さが》天皇、橘逸勢《たちばなのはやなり》とともに〝日本三筆《さんぴつ》〟の一人にかぞえられている。「弘法《こうぼう》も筆の誤り」「弘法、筆を選ばず」といったことわざが残されていることからも、希代《きだい》の能筆家であることがわかる。

空海が他の能筆家と比較して抜きんでているのは、篆書《てんしょ》、隷書《れいしょ》、楷書《かいしょ》、行書《ぎょうしょ》、草《そう》書《しょ》といったあらゆる書体を自由に書きこなすところにある。また、書の研究にも熱心で、唐《とう》で学んだ手法を取り入れて、うねるように躍動する「飛白体《ひはくたい》」という新書体も考案している。

空海は唐でも「五筆和尚《ごひつわじょう》」として知られていた。入唐《にっとう》時代のこんな伝説が伝わっている。

長安《ちょうあん》の宮殿には、「書聖《しょせい》」とたたえられた晋《しん》時代の王羲之《おうぎし》（三〇三？～三六一？）

の書が壁にあったが、傷みがひどく文字が消えていた。皇帝は壁を修理させ、そこに新たに書を認《したた》める者を求めた。誰もが「畏《おそ》れ多い」と手を挙げない。

皇帝は、日本から来ている能筆の僧がいるという噂《うわさ》を耳にして、空海に依頼した。

宮殿の壁の前で空海は、五本の筆を両手両足そして口に取り、一気に五行詩を書き上げた。その書を見て皇帝や側近たちが感動したのはいうまでもない。

皇帝は空海に「五筆和尚」の称号と菩提樹《ぼだいじゅ》の種子《しゅし》でつくられた念珠（数珠《じゅず》）を贈った。東寺には、その念珠が現存している。

また、約五十年後に天台宗の円珍《えんちん》（八一四～八九一）が入唐したときに、唐僧から「五筆和尚は健在か」とたずねられたという話が残っている。

ちなみに、空海は筆や用紙、墨など書の道具にも非常にこだわりを持ち、その素材や製法を研究していたという。

「弘法、筆を選ばず」ということわざは、どのような粗悪な筆でも使いこなすのが能筆家だという意味ではなく、道具の手入れを怠らず書の出来の悪さを道具のせいにしないという戒めの言葉である。

Q19 空海には、どんな著作があるの？

空海は、仏教各宗の宗祖の中でもずば抜けて著作が多い。それは、密教思想に関するものだけでなく文芸や辞書の編纂《へんさん》など多岐にわたる。

密教関係の著作で第一に取り上げられるのは、天長《てんちょう》七年（八三〇）、五十七歳のときに著した『秘密曼荼羅十住心論《ひみつまんだらじゅうじゅうしんろん》』全十巻だ。一般的には『十住心論』といわれ、人間の心の発展を十段階に分けて解説した大著で、空海の密教思想の集大成であり、日本仏教史を代表する名著といわれる。同年には『十住心論』の要旨をまとめた『秘《ひ》蔵宝鑰《ぞうほうやく》』も著している。

真言宗で重要とされる三部作は、真言密教の究極の目標である即身成仏《そくしんじょうぶつ》を説いた『即身成仏義《ぎ》』、この世のすべてが大日如来《だいにちにょらい》の教えであると説いた『声字実相義《しょうじじつそうぎ》』、真言の最後の文字「吽《うん》」に密教の教えのすべてがあると論じた『吽字義《うんじぎ》』といわれる。

文芸書では、処女作である『聾瞽指帰《ろうこしいき》』（出家宣言書とされる『三教指帰《さんごうしいき》』全三巻の草稿本）が最も有名だ。戯曲の形式をとった自伝的小説であり、さらに儒教と道教と仏教の思想比較をしている哲学書としての要素も含んでいる。

『性霊集《しょうりょうしゅう》』は、正しくは『遍照発揮性霊集《へんじょうほっきしょうりょうしゅう》』といい、空海入定《にゅうじょう》後に弟子の真《しん》済《ぜい》がまとめた遺文集全十巻で、書簡や詩文、上表文《じょうひょうもん》、願文《がんもん》などが収録されている。個人の文集としては日本最古といわれる。

また、中国の辞典を集めて編纂した日本初の漢字辞書『篆隷《てんれい》万象名義《ばんしょうめいぎ》』全三十巻、梵語《ぼんご》の解説書『大悉曇章《だいしったんしょう》』全二巻などを著し、語学者としての実績も残している。

● 空海のおもな著作

【密教関係の著作】

『秘密曼荼羅十住心論《ひみつまんだらじゅうじゅうしんろん》』（『十住心論』）空海の密教思想の集大成

『秘蔵宝鑰《ひぞうほうやく》』『十住心論』の要旨をまとめたもの

『即身成仏義《そくしんじょうぶつぎ》』真言密教の究極の目標である即身成仏を解説

『般若心経秘鍵《はんにゃしんぎょうひけん》』『般若心経』を密教の視点で解説

『弁顕密二教論《べんけんみつにきょうろん》』顕教と密教を比較し、密教の優位性を説く

『大日経開題《だいにちきょうかいだい》』『大日経』の注釈書

『金剛頂経開題《こんごうちょうぎょうかいだい》』『金剛頂経』の注釈書

『真実経文句《しんじつきょうもんぐ》』『理趣経《りしゅきょう》』の注釈書

『三昧耶戒序《さんまやかいじょ》』密教の戒律について解説

『秘密曼荼羅教付法伝《ひみつまんだらきょうふほうでん》』密教の起源と七祖の伝記

【その他の著作】

『聾瞽指帰《ろうこしいき》』『三教指帰《さんごうしいき》』の草稿本

『性霊集《しょうりょうしゅう》』弟子の真済《しんぜい》がまとめた遺文集

『風信帖《ふうしんじょう》』空海が最澄に宛てた書簡集

『文鏡秘府論《ぶんきょうひふろん》』詩作法の解説書

Q20 空海は今も生きているってどういうこと？

天長《てんちょう》九年（八三二）八月、ようやく七堂伽藍《しちどうがらん》がととのった高野山壇上伽藍で、四恩《しおん》（父母《ぶも》・国王・衆生《しゅじょう》・三宝《さんぽう》）に感謝する万燈万華《まんどうまんげ》の法会《ほうえ》（万燈会《まんどうえ》）が行われた。

五十九歳になっていた空海は前年に病魔におかされ、身体の衰えを感じていたようだ。この法会で「虚空《こくう》尽き　衆生尽き　涅槃《ねはん》尽きなば　我が願いも尽きなん」（この世の生きとし生けるものすべてが仏となり、涅槃〈仏のさとりの境地〉を求めるものがいなくなったとき、私の願いもなくなります）という願文《がんもん》を残している。

空海はこの頃から高野山に籠もり、入定《にゅうじょう》の準備を始めたようだ。真言宗では、空海の死を「入定」と表現する。入定とは「長い禅定《ぜんじょう》（坐禅瞑想《ざぜんめいそう》）に入り、今なお人々のために願いつづけている」ということで、空海はけっして亡くなったのではなく、大日如来《だいにちにょらい》と一体となっていつまでも私たちを見守ってくれていることを意味している。

承和《じょうわ》二年（八三五）一月、宮中の真言院で最後の修法《しゅほう》となる「後七日御修法《ごしちにちみしほ》」を終えた空海は、徐々に飲食物を断っていき、ついには水さえも口にしなくなった。

三月十五日、空海は弟子たちに遺言を伝える。その内容は、真言宗の今後の運営や、弟子たちへの戒めなど二十五カ条にわたるものだった。そして最後に「三月二十一日の寅《とら》の刻（午前四時頃）に山に帰る」と自身の死の日時を予告した。

高野山奥之院の大師廟への献膳。空海入定後、1200年にわたって毎日、朝と昼に欠かさず続けられている（写真提供・金剛峯寺）

実際にその日、結跏趺坐《けっかふざ》という坐禅の足の組み方で、手に法界定印《ほっかいじょういん》（92ページ参照）を結びながら入定したとされる。六十二歳だった。

空海の定身《じょうしん》（亡骸《なきがら》）は入定から五十日目、高野山奥之院《おくのいん》の地の廟窟《びょうくつ》に納められ、現在に至っていると伝わる。ただし、『続日本後紀《しょくにほんこうき》』には空海の荼毘《だび》式に関する記載や、弟子の実慧《じちえ》の空海の定身に関する手紙に「槇《まき》尽き火滅す」という一文があることから火葬説もある。

Q21 真言宗の本山は、いくつある？

真言宗は、仏教宗派の中で最も多くの門派に分かれている。その中の主要な十八の本山が連合して「真言宗各派総大本山会」を組織している。この十八本山は、古義《こぎ》真言宗と新義《しんぎ》真言宗、そして真言律宗に大別できる（183ページ参照）。

古義真言宗と新義真言宗に分かれた発端《ほったん》は平安時代後期にさかのぼる。その頃、真言宗は依然勢力を誇っていたが、時の権力者の帰依《きえ》にあぐらをかき、修行を怠る僧侶も増えていた。それを良しとしなかったのが、真言宗中興の祖と呼ばれる覚鑁《かくばん》（136ページ参照）だ。覚鑁は、その頃ブームになっていた浄土信仰（阿弥陀《あみだ》信仰）を積極的に取り入れるとともに、教学研究のための大伝法院《だいでんぽういん》を創建し、真言宗の改革を図った。

こうして新たな時代を築いた覚鑁だったが、改革に反対する保守派の僧たちと軋轢《あつれき》を生むことになる。保守派は覚鑁を高野山から追い出し、覚鑁は紀伊《きい》の根来寺《ねごろじ》に移った。

● 真言宗十八本山（真言宗各派総大本山会所属）

※順不同

門派名	本山	所在地	寺院数
高野山真言宗	総本山・金剛峯寺	和歌山県伊都郡高野町	3,594
東寺真言宗	総本山・教王護国寺（東寺）	京都市南区	135
真言宗善通寺派	総本山・善通寺	香川県善通寺市	241
真言宗善通寺派	大本山・随心院	京都市山科区	
真言宗山階派	大本山・勧修寺	京都市山科区	128
真言宗醍醐派	総本山・醍醐寺	京都市伏見区	797
真言宗御室派	総本山・仁和寺	京都市右京区	768
真言宗大覚寺派	大本山・大覚寺	京都市右京区	365
真言宗泉涌寺派	総本山・泉涌寺	京都市東山区	68
信貴山真言宗	総本山・朝護孫子寺	奈良県生駒郡平群町	34
真言宗中山寺派	大本山・中山寺	兵庫県宝塚市	7
真言三宝宗	大本山・清澄寺（清荒神）	兵庫県宝塚市	7
真言宗須磨寺派	大本山・福祥寺（須磨寺）	兵庫県神戸市	11
新義真言宗	総本山・根来寺	和歌山県岩出市	205
真言宗智山派	総本山・智積院	京都市東山区	2,900
真言宗豊山派	総本山・長谷寺	奈良県桜井市	2,636
真言律宗	総本山・西大寺	奈良県奈良市	87
真言律宗	大本山・寶山寺	奈良県生駒市	

『令和2年版　宗教年鑑』（文化庁）より

この根来寺の流れがやがて新義真言宗となり、それに対して従来の高野山や東寺の流れをくむ門派が古義真言宗である。

真言律宗は、鎌倉時代に真言密教と戒律を修めた僧・叡尊《えいそん》（152ページ参照）を派祖とする門派である。

所属寺院数で見ると、空海入定《にゅうじょう》の地である高野山に本拠を置く高野山真言宗が真言宗の最大門派である。それに次ぐのが、新義真言宗の真言宗智山派《ちさんは》と真言宗豊山派《ぶざんは》の勢力だ。古義真言宗と新義真言宗の所属寺院数は拮抗《きっこう》している。

数々の奇跡を起こした空海、なぜ「湧水伝説」があるのか?

空海の奇跡伝説は、北海道から九州まで全国に残っている。その数は二千とも三千ともいわれる。その中でひときわ多いのが、「清水が湧《わ》き出した」「温泉が湧いた」という湧水《ゆうすい》伝説だ。錫杖《しやくじよう》や独鈷杵《とつこしよ》という密教法具(100ページ参照)で地面を突いたら清水や温泉が湧き出したというものである。

おそらく、平安時代末期から室町時代にかけて全国を巡遊していた高野聖《こうやひじり》たち(140ページ参照)が、空海の社会事業の数々や法力《ほうりき》を民衆に喧伝《けんでん》したことと、その土地の習俗が混じり合って伝説が成立したのではないかと思われる。

代表的な話を紹介しよう。空海が諸国行脚《あんぎや》の途中で立ち寄った水不足に悩む村で、村人から貴重な水の供養を受け、その慈悲の心を喜んだ空海が、地面に錫杖をひと突きすると水が湧いたというものだ。また逆に、不親切な村人がいると、貴重な清水は渇水し濁ったという教訓話にもなっている。

こうした仏教説話が道徳観と結びつくことによって、弘法大師信仰がより深まったのだろう。

第2章

身近な真言宗とその特徴

第2章

早わかり真言宗❷

檀信徒の基礎知識

仏教は、釈迦《しやか》の教えをどう理解し、人々を救うかという視点の違いから多くの宗派に分かれている。そのため、信仰のよりどころとなる本尊、お経、おつとめの作法、修行方法、寺院の行事などが異なっている。

空海は、インドに始まり中国に伝わって発展した密教の正統を受け継いだだけではない。その密教を理論化して組織立て、独自の密教をつくりあげたのだ。空海の密教を他の密教と区別して「真言密教」と呼ぶのもそれが理由である。

真言密教の特徴は、大日如来《だいにちにょらい》を真理そのものととらえているところにある。これは、あらゆる面で密教が寛容であることにつながっている。たとえば、すべての仏尊は大日如来の化身《けしん》であり、釈迦もその一人であると考える。だから本尊は基本的に大日如来だが、他の仏尊であってもかまわない。

真言宗では仏の世界を視覚的に表した曼荼羅《まんだら》をとても大切にしているが、そこにはさまざまな仏尊が登場する。また、歴史的に見ても、真言宗が他の仏教宗派とぶつからず、修験道《しゅげんどう》や神道《しんとう》と結びついたことでも寛容さがうかがえる。

真言宗がよりどころとするお経は、『大日経《だいにちきょう》』と『金剛頂経《こんごうちょうぎょう》』だが、これらは檀信徒《だんしんと》がおつとめでとなえるお経ではない。おつとめでとなえるお経では『般若心経《はんにゃしんぎょう》』が最もポピュラーである。ほかには『理趣経《りしゅきょう》』をとなえる。空海はお経をとなえることが功徳《くどく》につながるとしている。

日常のおつとめを「勤行《ごんぎょう》」というように、真言宗では修行の一つと考える。わずかな時間でも毎日続けることで、それが自信になり、前向きな人生につながる。

真言宗のお寺の行事では加持祈禱《かじきとう》が行われ、諸仏の加護による功徳が参詣者に施される。東寺《とうじ》（教王護国寺《きょうおうごこくじ》）で行われる後七日御修法《ごしちにちみしほ》（118ページ参照）は真言宗最大の法会《ほうえ》である。

空海の修行の地を巡拝する四国八十八ヶ所霊場札所めぐり（遍路《へんろ》）は、真言宗の檀信徒のみならず、多くの人が憧《あこが》れる巡礼コースだ。本章ではこれらもあわせて紹介する。

Q1 真言宗の本尊「大日如来」って、どんな仏様?

本尊とは信仰のよりどころとなる仏のことである。真言宗では、大日如来《だいにちにょらい》を真理そのものがこの世に現れた姿(法身仏《ほっしんぶつ》)と考え、絶対的な存在としている。

大日如来とは、すべてをつかさどる原理であり、本来は形がないものである。梵語《ぼんご》(古代インドのサンスクリット語)では、マハーヴァイローチャナ(遍《あまね》く照らす偉大な光の意味)という。これを漢語にして「大日如来」というわけである。ちなみに、華厳宗《けごんしゅう》の本尊で東大寺の大仏として知られる毘盧舎那仏《びるしゃなぶつ》も同じ意味だ。

そして真言密教では、すべての仏は大日如来が姿を変えたもの(化身《けしん》)と考える。仏教の開祖である釈迦《しゃか》(釈迦牟尼仏《しゃかむにぶつ》、釈迦如来《しゃかにょらい》)もその一つであり、生身の人間として生まれた応身仏《おうじんぶつ》とされる。また、阿弥陀如来《あみだにょらい》や薬師如来《やくしにょらい》などは、人々の願いが形となった報身仏《ほうじんぶつ》であり、大日如来の徳の一面を表すものである。そこで真言宗では、人々にわかりやすいように大日如来以外の仏尊を本尊としている寺院も多い。

真言密教では、この世に存在するすべては大日如来の慈悲によって生ずる世界であることから「胎蔵《たいぞう》」といい、またそれは大日如来の金剛のような堅固な智慧《ちえ》の世界であることから「金剛界《こんごうかい》」という。そのため大日如来像は、仏の真実（真理）を示す胎蔵大日如来と、仏の智慧（さとり）を示す金剛界大日如来という二つの姿で表されるが、これらは表裏一体である。

大日如来坐像（重文・金剛峯寺蔵）。887年、壇上伽藍の西塔創建当時のもの（写真提供・高野山霊宝館）

太陽がすべての命を育むように、大日如来の慈悲と智慧によって人間をはじめすべてのものが生かされている。つまり、生きとし生けるものは仏性《ぶっしょう》（仏と変わらない心）を持ち、この世に生きながら、さとりを開いて仏になれるということである。

Q2 密教寺院には、どんな仏尊がまつられているのか？

本尊と諸尊

大日如来《だいにちにょらい》をまつる根本大塔《こんぽんだいとう》や、宗祖・弘法大師《こうぼうだいし》空海をまつる大師堂など、それぞれに建物を建てて本尊以外に多くの仏尊をまつるのも真言宗寺院の特徴である。

空海によって真言密教とともに五智如来《ごちにょらい》や五大明王《ごだいみょうおう》など多くの仏尊が伝えられた。それらは、働きや役割に応じて如来・菩薩《ぼさつ》・明王・天《てん》の四種類に大きく分けられる。

如来とは「真理に達した者」「真理より来た者」を意味し、いわゆる仏（仏陀《ブッダ》）である。如来像の基本は衣を一枚まとうだけの出家した釈迦《しゃか》の姿だが、真理そのものである大日如来像だけは特別な存在として宝冠や装身具で飾られていることが多い。

東寺の講堂には金剛界大日如来がまつられ、東に阿閦如来《あしゅくにょらい》、南に宝生如来《ほうしょうにょらい》、西に無量寿如来《むりょうじゅにょらい》（阿弥陀如来《あみだにょらい》）、北に不空成就如来《ふくうじょうじゅにょらい》を従えている。これらは「五智如来」と呼ばれ、大日如来が持つ智慧《ちえ》の徳を表している。四方の仏は東から順番に、鏡に映るようにすべてを見通す「大円鏡智《だいえんきょうち》」、あらゆるものに平等な「平等性智《びょうどうしょうち》」、よく観察して説法する「妙観察智《みょうかんざっち》」、利益《りやく》を成就させる「成所作智《じょうしょさち》」の徳を持ち、大日如来の智慧はすべてを含む最高の智慧とされ、「法界体性智《ほっかいたいしょうち》」という。

菩薩とは「菩提薩埵《ぼだいさった》」の略で、如来となることが約束された者をいう。菩薩像は、出家前の釈迦の王子時代の姿を模して宝冠や装身具をつけている。

明王とは、如来の命《めい》を受け、強い意志で仏の教えに導く者をいう。明王像は忿怒《ふんぬ》の表情で、手にはさまざまな武器を持っている。

天とは、六道《ろくどう》や十界《じっかい》の一つにかぞえられる天上界を意味し、そこに住む神々のことをいう。神々のほとんどは、バラモン教やヒンドゥー教を起源とするものである。持国天《じこくてん》・増長天《ぞうじょうてん》・広目天《こうもくてん》・多聞天《たもんてん》の四天王は、仏敵から行者を守る護法神《ごほうしん》として知られ、甲冑《かっちゅう》姿で邪鬼を踏みつけている。

また、バラモン教の最高神で万物の根源とされるブラフマンと、ヒンドゥー教に由来する軍神インドラが、仏教に取り入れられて梵天《ぼんてん》と帝釈天《たいしゃくてん》となり、仏法の守護神として位置づけられ、四天王とともにまつられることも多い。

Q3

不動明王像は、なぜ剣などを持っているのか？

本尊と諸尊

前項で紹介した五智如来《ごちにょらい》には、それぞれの使者として五大明王《ごだいみょうおう》が定められている。東の阿閦如来《あしゅくにょらい》には降三世明王《ごうざんぜみょうおう》、南の宝生如来《ほうしょうにょらい》には軍荼利明王《ぐんだりみょうおう》、西の無量寿如来《むりょうじゅにょらい》（阿弥陀如来《あみだにょらい》）には大威徳明王《だいいとくみょうおう》、北の不空成就如来《ふくうじょうじゅにょらい》には金剛夜叉明王《こんごうやしゃみょうおう》、そして明王の主尊が不動明王《ふどうみょうおう》である。

不動明王は大日如来《だいにちにょらい》の使者であり、岩の台座（瑟々座《しつしつざ》）にすわり、右手に悪を断つ剣、左手に羂索《けんさく》という縄を持っている。羂索は敵をしばりあげる一方で、人々を救済するためにも使う。それは、仏の教えに背を向けている人々を無理やりにでも信仰に導いて修行を成就させる役割を担っているからだ。

不動明王は、もとはヒンドゥー教の破壊神シヴァとされ、別名をアチャラナータという。梵語《ぼんご》で「動かない守護者」もしくは「動かない者の守護者」を意味することから「不動尊」や「無動尊」などと漢訳された。

五大明王像は、空海が東寺の講堂に立体曼荼羅《りったいまんだら》としてまつったのが始まりだ。両目を見開き、上の歯で下唇をかむ不動明王像は「弘法大師様《よう》」といわれ、空海が伝えた当初の姿とされる。時代がくだると恐ろしさを強調するため、左右の牙が上下に飛び出し、左右の目もそれぞれに上下を睨《にら》んだ姿が定着した。

不動明王像（重文・高幡不動尊金剛寺蔵）

不動明王は護摩法《ごまほう》の本尊として、真言（188ページ参照）をとなえれば一切の迷いや苦悩が晴れるとされる。鎌倉時代に起こった元寇《げんこう》の際、幕府や朝廷が鎮護《ちんご》国家の祈願をしたことから不動信仰は一気にひろまった。また、病魔退散や家内安全など身近な願いを反映し、庶民にも親しまれている。

不動明王を本尊とするお寺として、成田山新勝寺《しんしょうじ》（千葉県成田市）や高幡《たかはた》不動尊金剛寺《こんごうじ》（東京都日野市）がよく知られている。

Q4 「曼荼羅」って何？

「曼荼羅《まんだら》」とは、梵語《ぼんご》マンダラの音写で「本質を得る」という意味だ。
曼荼羅は次のように四つの種類に分けられ、「四曼《しまん》」と総称される。
大曼荼羅……数多《あまた》の仏尊の具体的な姿形と関係を絵で表したもの
三昧耶《さんまや》曼荼羅……仏尊のさとりを、持ち物などを描くことで象徴的に示すもの
法曼荼羅……仏尊を種字《しゅじ》（梵字）で表すことで真理の一切を含むことを示すもの
羯磨《かつま》曼荼羅（立体曼荼羅）……羯磨とはカルマ（業《ごう》＝善悪の行為）に由来し、それぞれの行為が他に作用することを示すもの
つまり、この四つの曼荼羅は別々なものではなく、素晴らしい仏の世界をそれぞれの視点から表したものなのである。空海の『御請来目録《ごしょうらいもくろく》』に「真言秘蔵は経疏《きょうそ》に隠《おん》密《みつ》にして図画《とが》を仮《か》らずんば相伝すること能《あた》わず」とある。真言密教において図画は重

要なものであり、見る者はまさに密教世界にいるような感覚になるわけである。

胎蔵《たいぞう》・金剛界《こんごうかい》の大曼荼羅（両界曼荼羅《りょうがい》）を本尊の左右に掲げる形式は、空海が加《か》持祈禱《じきとう》や灌頂《かんじょう》の儀式を行った宮中真言院や東寺灌頂院で確立された。

胎蔵曼荼羅は『大日経《だいにちきょう》』をもとに大日如来《だいにちにょらい》の慈悲の世界を表し、正式名称を「大《だい》悲胎蔵生曼荼羅《ひたいぞうしょうまんだら》」という（76ページ参照）。中央の中台八葉院《ちゅうだいはちよういん》に坐《ざ》す大日如来は人々が持つ菩提心《ぼだいしん》（さとりを求める心）の象徴であり、それを取り巻く蓮華《れんげ》の花弁には人々の苦しみを救いたいと願う四仏（如来）・四菩薩《しぼさつ》が坐し、その慈悲の心が放射状に周囲の諸尊に伝わっていく様子を示している。

金剛界曼荼羅は『金剛頂経《こんごうちょうぎょう》』をもとに大日如来の智慧《ちえ》の世界を表し、九つに等分されているので「九会曼荼羅《くえまんだら》」とも呼ばれる（77ページ参照）。中央の❶が大日如来のさとりの境地を示す「成身会《じょうじんえ》」である。❶から❾へ至る過程を「向下門《こうげもん》」という。❾は「降三世三昧耶会《ごうざんぜさんまやえ》」といって、仏の教えに背を向ける人々に働きかける降三世明王の救いを示している。逆に❾から❶へ至る過程を「向上門《こうじょうもん》」といい、人々が菩提心を起こし、さとりに至る様子を示している。

●胎蔵曼荼羅

（東京都練馬区・観蔵院蔵©染川英輔画）

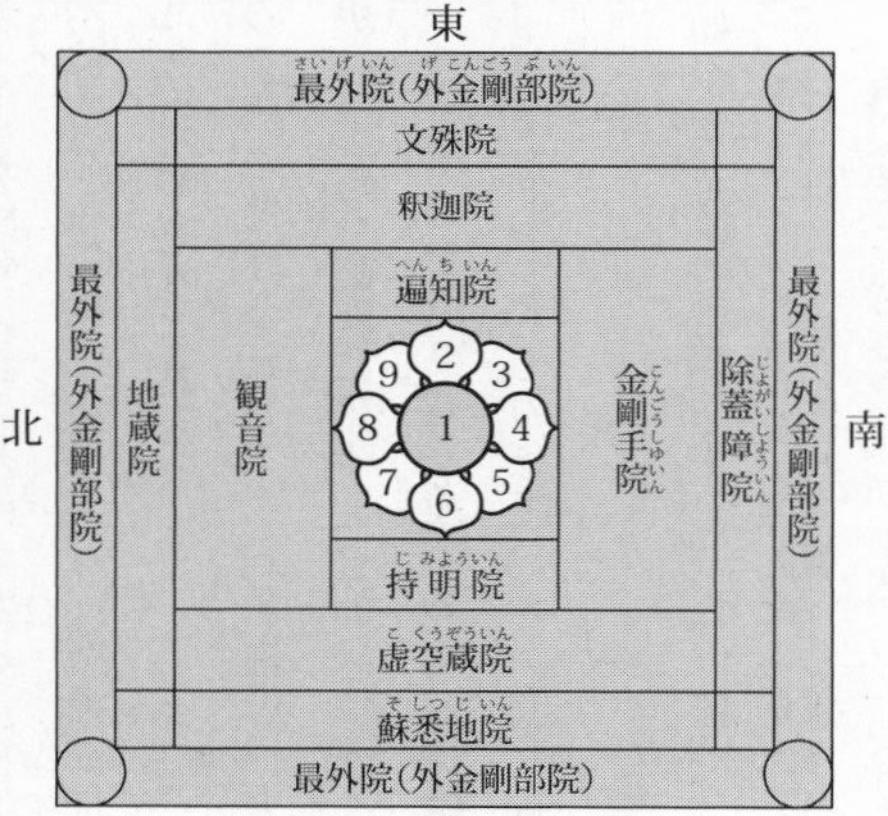

中台八葉院《ちゅうだいはちよういん》

1.大日如来
2.宝幢如来《ほうどうにょらい》
3.普賢菩薩《ふげんぼさつ》
4.開敷華王如来《かいふけおうにょらい》
5.文殊菩薩《もんじゅぼさつ》
6.無量寿如来《むりょうじゅにょらい》
（阿弥陀如来）
7.観自在《かんじざい》菩薩
8.天鼓雷音如来《てんくらいおんにょらい》
9.弥勒菩薩《みろくぼさつ》

● 金剛界曼荼羅

（東京都練馬区・観蔵院蔵 Ⓒ染川英輔画）

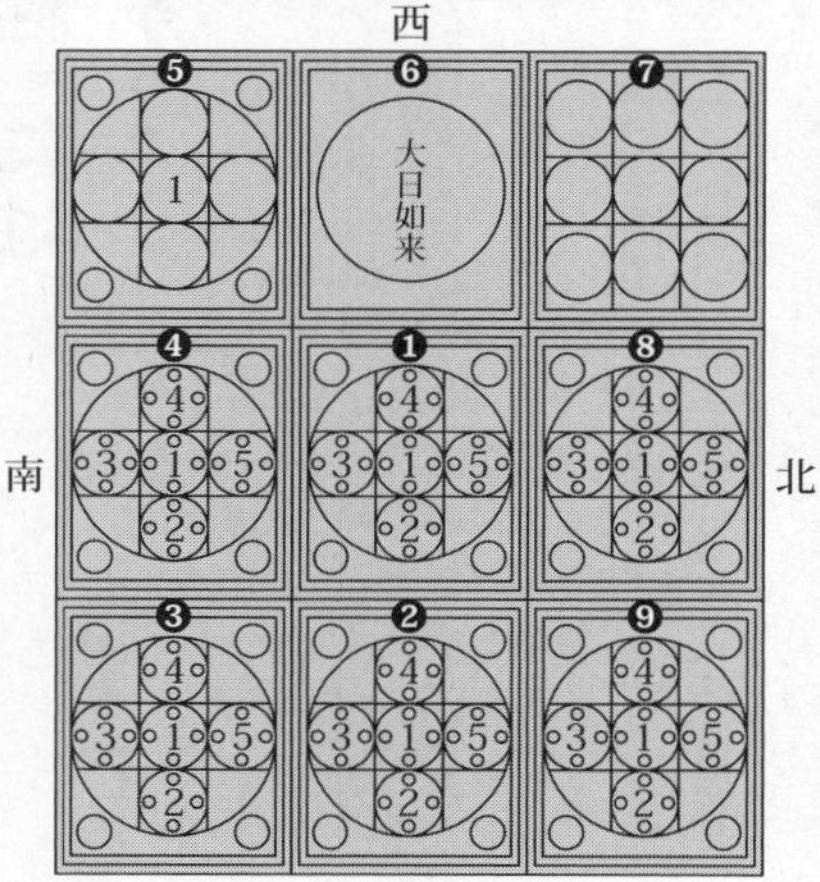

❶成身会《じようじんえ》
❷三昧耶会《さんまやえ》
❸微細会《みさいえ》
❹供養会《くようえ》
❺四印会《しいんえ》
❻一印会《いちいんえ》
❼理趣会《りしゆえ》
❽降三世会《ごうざんぜえ》
❾降三世三昧耶会《ごうざんぜさんまやえ》

五智如来

1.大日如来
2.阿閦如来《あしゆくによらい》
3.宝生如来《ほうしようによらい》
4.無量寿如来《むりようじゆによらい》
（阿弥陀如来《あみだによらい》）
5.不空成就如来《ふくうじようじゆによらい》

お経

Q5 『大日経』『金剛頂経』には何が書かれているのか？

『大日経《だいにちきょう》』と『金剛頂経《こんごうちょうぎょう》』は、真言密教の「両部（両界《りょうがい》）の大経」といわれる。

『大日経』の正式名称は『大毘盧遮那成仏神変加持経《だいびるしゃなじょうぶつじんぺんかじきょう》』という。真言密教の八祖《はっそ》（182ページ参照）にかぞえられるインド僧の善無畏《ぜんむい》（六三七〜七三五）が高齢で唐《とう》に伝え、一行《いちぎょう》（六八三〜七二七）の手を借りて七二四年に漢訳した。

全七巻からなり、第一巻「入真言門住心品《にゅうしんごんもんじゅうしんぼん》」が理論編で、第二巻「入曼荼羅具縁《にゅうまんだらぐえん》品《ぼん》」以下は実践編となっている。密教初心者が講説を許されるのは第一巻のみだ。

第一巻は「仏の智慧《ちえ》（さとり）とは何か」という執金剛秘密主《しゅうこんごうひみつしゅ》（密教行者の代表）の問いに始まり、大日如来《だいにちにょらい》が「菩提心《ぼだいしん》を因《いん》と為《な》し、大悲《だいひ》を根《こん》と為し、方便《ほうべん》を究竟《くきょう》と為す」（個々人がさとりを求める心を起こし、自己の慈悲心に目覚め、他者の救済に向かうことが、さとりの完成である）と答えている。さらに、如実知自心《にょじつちじしん》——あるがままの凡夫《ぼんぷ》の心がさとりにほかならないことを説いている。

第二巻以降は、胎蔵曼荼羅《たいぞうまんだら》の建立方法や儀礼作法などが具体的に解説されている。『大日経』は日本に天平時代《てんぴょう》（七二九～七四九）には伝わっていたが、空海が久米《くめ》寺《でら》で出合うまで、その難解さから忘れ去られていたことは第1章で述べたとおりだ。

『金剛頂経』と呼ばれる経典は多数存在するが、空海が著書『金剛頂経開題《かいだい》』で解説しているのは、不空《ふくう》が七五三年に漢訳した『金剛頂一切如来真実摂大乗現証大教王経《こんごうちょういっさいにょらいしんじつしょうだいじょうげんしょうだいきょうおうぎょう》』である。そして、これを最初に日本に伝えたのは空海だ。

全三巻からなり、まとまった理論編はなく、金剛界曼荼羅《こんごうかいまんだら》を中心に観法《かんぽう》（さとりを得るための実践法）や修法《しゅほう》を説きつつ、それらの思想的な裏付けを示している。内容は、釈迦《しゃか》の修行時代をなぞらえた一切義成就菩薩《いっさいぎじょうじゅぼさつ》の修行場に一切如来（大日如来の化身《けしん》）が現れ、「一切如来の真実を知らずに修行をしているのか」といって、自らのさとりの境地を明かし、そこへ至るための観法を授ける場面に始まる。それは「五相成身観《ごそうじょうしんがん》」といい、自身の心が仏と同じく本来清浄であることを五段階でさとる方法である。

お経

Q6 『般若心経』には神秘的な力があるってホント？

『般若心経《はんにゃしんぎょう》』は、日本でいちばん親しまれているお経だ。玄奘《げんじょう》（六〇二～六六四）の漢訳が一般的で、正式名称は『般若波羅蜜多心経《はんにゃはらみたしんぎょう》』という。経題は「さとりの境地へ至る（波羅蜜多）仏の智慧《ちえ》（般若）」を表し、〝空《くう》〟の教えを前提に祈りの意義を説いている。〝空〟とは「事物・現象は縁によって生じ滅するものであり、固定された実体はない」ということで、何事にもこだわりを持たなければ安らぎが得られるという教えだ。

ほかにも鳩摩羅什《くまらじゅう》（三四四～四一三）の訳などがあり、個々に成立した般若経典を集大成したのが玄奘の『大般若経《だいはんにゃきょう》』六百巻とされる。そして、その神髄をわずか三百字足らずにまとめたのが『般若心経』であるといわれている。

大般若法会《ほうえ》では、『大般若経』六百巻すべてをとなえるのは大変なため、「転読《てんどく》」といって折本をパラパラとめくることで除厄招福《じょやくしょうふく》の功徳《くどく》があるとされている。

空海は『般若心経』を密教的に解釈し『般若心経秘鍵《ひけん》』を著している。書名は「『般若心経』の秘密の扉を開ける鍵」を意味する。『般若心経』の終盤の「掲諦掲諦《ぎゃーていぎゃーてい》　波羅掲諦《はらーぎゃーてい》　波羅僧掲諦《はらそうぎゃーてい》」の部分は、梵語《ぼんご》の発音を漢語で示したものだ。神聖な言葉として、梵語の発音のままとなえ、意味を理屈で考えるものではないとされている。これは、まさしく密教でいう〝真言《しんごん》〟である。その前にある「是大神呪《ぜーだいじんしゅー》」以降の経文《きょうもん》は、『般若心経』そのものが偉大な神秘の呪《じゅ》文《もん》であることを繰り返し述べ、すべての苦悩を取り除く仏の智慧であるからこそ、釈《しゃ》迦《か》がこの教えを説いたことを示している。そして、この仏の真実の言葉（真言）をとなえようと呼びかけているのである。

実際、弘仁《こうにん》九年（八一八）の春、疫病が流行したときに空海のすすめで嵯峨《さが》天皇が『般若心経』を写経すると、たちまち霊験《れいけん》が現れて治まったという。嵯峨天皇の離宮を寺院とした大覚寺《だいかくじ》（京都市右京区）には、そのときの写経が勅命によって封印され、心経殿《しんぎょうでん》に納められていると伝わる。

お経

Q7 『理趣経』には何が書かれているのか？

真言宗の根本経典は両部の大経（78ページ参照）だが、日常的にとなえることは少なく、寺院の儀式や朝夕の勤行《ごんぎょう》でとなえられるのは『理趣経《りしゅきょう》』である。正式名称は『大楽金剛不空真実三昧耶経《たいらくこんごうふこうしんじつさんまやきょう》』で「般若波羅蜜多理趣品《はんにゃはらみたりしゅぼん》」という副題がついている。経題は、大いなる楽（安らぎ）とは金剛のごとく不変であり、現実こそが仏の真実の世界であることを表す。そして「理趣」とは「仏の真実（理）に至る（趣）」という意味だ。なお、通常のお経は呉音《ごおん》読みだが、『理趣経』は漢音《かんおん》読みである。

不空《ふくう》が七六三年から七七一年にかけて漢訳したことから、金剛頂経《こんごうちょうぎょう》系の経典に位置づけられる。また、副題から般若経典にもかぞえられ、玄奘《げんじょう》の『大般若経』の中の「般若理趣分（理趣分経）」が最古の異訳とみられている。

真言宗は多くの門派に分かれているが、『理趣経』はどの門派でも必ず読まれる。

檀信徒《だんしんと》のお葬式などでも読まれるが、一般の人には通常見せない秘経とされてきた。その理由は、人間の欲望を手放しで肯定し、男女の性交を賛美しているかのような誤解を招きやすい内容だからだ。

『理趣経』の巻頭には、すべてのものは本来清浄であることを説く「十七清浄句《しょうじょうく》」がある。怒りや愛欲などの煩悩《ぼんのう》も、〝空《くう》〟の心でそのまま受け止めて、仏の智慧《ちえ》を働かせることができたら、そのエネルギーは神聖な力に変わる。つまり、〝一切皆清浄《いっせいかいせいせい》〟——生まれ持った心、損得にこだわらない欲望は清浄である、ということだ。

『般若心経』同様に、読むだけでなく写経しても功徳《くどく》があるとされ、写経では大意が集約されている巻末の「百字偈《ひゃくじのげ》」がよく写される。

そこには「菩薩勝慧者《ほさつしょうけいしゃ》　乃至尽生死《だいししんせいし》　恒作衆生利《こうさくしゅうせいり》　而不趣涅槃《じふしゅでっぱん》」（菩薩のように利他の慈悲心を持つ者は、自己の命を顧みず、常に人々のために働き、自分だけが安楽の境地へ至ろうとはしない）とある。

手放しで欲望を肯定するのではなく、また欲望を完全に否定するのでもない。現実世界のすべてを肯定し、生きるのが究極のさとりなのである。

Q8

そもそも「真言密教」って何？

真言密教

真言宗では、仏教を「顕教《けんぎよう》」と「密教」に分けている。空海は『弁顕密二教論《べんけんみつにきようろん》』の中でその違いを明らかにし、密教こそ真実の教えであることを述べた。

密教は、永遠の真理そのものである大日如来《だいにちによらい》が仏の真実（真理）を直接説いた教えである。それはあまりにも深遠であるため、容易には理解できないことから「秘密の仏教＝密教」という。これに対して、歴史上の人物である釈迦《しやか》がさとりを開き、説法や経典により明らかにした教えを顕教と呼ぶ。つまり、顕教では仏の真実のすべては伝えきれないというのが密教の立場だ。

日本の密教は、最澄《さいちよう》が伝えた天台密教（台密《たいみつ》）と、空海の伝えた真言密教（東密《とうみつ》）によって発展した。ちなみに東密とは、空海が嵯峨《さが》天皇から与えられた東寺《とうじ》（教王護国寺《きようおうごこくじ》）の密教を示している。両者の大きな違いは、「顕密双修《けんみつそうじゆ》」の天台密教

● 真言密教と天台密教の違い

真言密教（東密）	天台密教（台密）
密教のみ修学	顕密双修《けんみつそうじゅ》
すべての仏教宗派の教えは密教に含まれる	円（円教《えんぎょう》＝『法華経』の教え）・戒（戒律）・禅（止観）・密（密教）の四宗融合
経典	経典
『大日経』『金剛頂経』	『大日経』『法華経』

に対し、真言密教ではすべての仏教宗派の教えは密教に含まれると考える。したがって、真言宗以前の南都六宗《なんとろくしゅう》、最澄が開いた天台宗も、その後の鎌倉仏教（浄土宗・臨済宗《りんざいしゅう》・曹洞宗《そうとうしゅう》・日蓮宗《にちれんしゅう》・浄土真宗など）も顕教とされる。

釈迦は『金剛頂経《こんごうちょうぎょう》』に一切義成就菩薩《いっさいぎじょうじゅぼさつ》として記される、大日如来の一番弟子である（79ページ参照）。釈迦は、教えを受ける人々の能力や状態にあわせて説法したが、大日如来は金剛薩埵《こんごうさった》ただ一人に教えを授けた。そして、しかるべき者に伝えるため南インドの鉄塔に籠もった金剛薩埵から、龍猛《りゅうみょう》が伝授されて密教をひろめた（182ページ参照）。ちなみに、龍猛は大乗仏教の礎を築き、中国・日本における仏教八宗派の祖「龍樹《りゅうじゅ》」ともいわれている。

Q9

空海が説くさとりへの道とは？

真言密教

空海は真言密教の教えを、主著といわれる『十住心論《じゅうじゅうしんろん》』に現実の人間の生き方として示している。これは、淳和《じゅんな》天皇（七八六～八四〇）が勅命により法相宗《ほっそうしゅう》・三論宗《さんろんしゅう》・華厳宗《けごんしゅう》・律宗《りつしゅう》・天台宗・真言宗の第一人者にそれぞれの教義を提出させたとき、空海が自ら書き、五十七歳の天長《てんちょう》七年（八三〇）に提出したものである。

内容は、人間の心がどのような状態を経て、本来持っている仏の智慧《ちえ》（さとり）に至るかを示している。それは同時に、思想の発展段階としても読める野心的な試みだった。信仰以前の心に始まり、仏教以外の思想（外道《げどう》）、仏教各宗の教義を九段階に配置し、最後の「秘密荘厳心《ひみつしょうごんしん》」が真言密教であるとして〝九顕一密《くけんいちみつ》〟という。

しかし、密教は顕教のすべてを含むため、必ずしも一から十までの段階を経なければ到達できないものではない。そこで〝九顕十密〟ともいわれる。

● 空海が説く十住心

住心	名称	内容		対応
第十住心	秘密荘厳心《ひみつしょうごんしん》	永遠の真理と一体になった究極の世界	＝	真言密教
第九住心	極無自性心《ごくむじしょうしん》	この世に永遠の真理が存在することをさとる	＝	華厳宗《けごんしゅう》
第八住心	一道無為心《いちどうむいしん》	すべては本来清浄であることをさとる	＝	天台宗
第七住心	覚心不生心《かくしんふしょうしん》	すべては〝空〟であることをさとる	＝	三論宗
第六住心	他縁大乗心《たえんだいじょうしん》	人々の苦悩に慈悲の心を起こす	＝	法相宗
第五住心	抜業因種心《ばつごういんじゅしん》	すべては関係していることをさとる	＝	小乗仏教（縁覚乗《えんがくじょう》）
第四住心	唯蘊無我心《ゆいうんむがしん》	永遠不変なものはないとさとる	＝	小乗仏教（声聞乗《しょうもんじょう》）
第三住心	嬰童無畏心《ようどうむいしん》	信仰心に目覚めた世界	＝	道教
第二住心	愚童持斎心《ぐどうじさいしん》	道徳心に目覚めた世界	＝	儒教
第一住心	異生羝羊心《いしょうていようしん》	本能のまま欲望に溺れた世界	＝	凡夫

Q10

「即身成仏」って、どういうこと？

真言密教

「即身成仏《そくしんじょうぶつ》」とは、この身のままで、仏の智慧《ちえ》（さとり）に至ることである。密教を含む大乗仏教では、誰もが生まれながらに仏性《ぶつしょう》（仏と変わらない心）を持っているとされる。古代インドに生まれ、菩提樹《ぼだいじゅ》の下で瞑想《めいそう》し、さとりを開いた釈迦《しゃか》は、まさに即身成仏したのである。「釈迦牟尼仏《しゃかむにぶつ》」「釈迦如来《しゃかにょらい》」と呼ばれるが、牟尼とは聖者の意味、仏は「仏陀《ブッダ》」の略で「覚者《かくしゃ》」（真理に目覚めた人の意味）ともいわれる。また、如来も「真理の世界から来た者」という意味。

つまり、釈迦以前にも真理は存在していたということである。時間も場所も超越して存在する永遠の真理そのものを、真言密教では大日如来《だいにちにょらい》といった。その教えはあまりにも広く、伝えきれるものではない。これが仏の秘密である。

空海は、衆生《しゅじょう》の秘密もあるという。衆生とは、生きとし生けるものすべてであり、目の前にある真理を見ようとしないから見えないという意味での秘密だ。ただし、人間は仏の教えを聞くことができるため、他の動物などとは違う。仏と衆生とは姿も境地もまるで異なるが、その本質においては異なるものではないと説いたのが『即身《そくしん》成仏義《じょうぶつぎ》』だ。『即身成仏義』は空海の著書のほかに、後世の人物によって著された六種の異本がある。その一つに、即身成仏へ至るための三つの段階が説かれている。

まずは、人間には生まれながらに仏性がそなわっていると自覚する「即《すなわ》ち身成れる仏＝理具《りぐ》成仏」だ。

次が「身に即して仏に成る＝加持《かじ》成仏」である。加持とは、仏の慈悲の力が人々に加わり、人々がそれを信心によって受け取ること。具体的には、三密加持《さんみつかじ》（次項参照）の修行をし、仏と一体になることだ。しかし、修行を離れるとすぐにもとの状態に戻ってしまう。

そして三つ目の段階が「即《すみや》かに身、仏と成る＝顕得《けんとく》成仏」である。三密加持を重ねることによって仏の智慧が体得《たいとく》されて、日常生活のすべてが仏のさとりの境地となり、その人がもともと持つ仏徳《ぶっとく》が現れてくる。体得とは、身体にしみ込んだ状態をいう。

Q11

「三密加持」って何？

真言密教

空海の『即身成仏義《そくしんじょうぶつぎ》』の中には「六大無碍《ろくだいむげ》にして常に瑜伽《ゆが》なり　四種曼荼《ししゅまんだ》おのおの離れず　三密加持《さんみつかじ》すれば速疾《そくしつ》に顕《あら》わる」とある。

「すべては、固体（地《ち》）・液体（水《すい》）・エネルギー（火《か》）・気体（風《ふう》）・空間（空《くう》）と、それを認識する人間の意識（識《しき》）の六大によって成り立っている。それが現実世界であり、そのまま仏の世界（密厳浄土《みつごんじょうど》）である。それは、人間の目には見えないが肌で感じる何か、耳で聞く言葉ではない何か、気配として感じられる何か、神秘的な世界である。そのすべては四曼《しまん》（74ページ参照）で表すことができる。三密加持によって現実世界はそのまま仏の世界に変わるのである」というのが大意だ。

三密加持とは、「三業《さんごう》」と呼ばれる人間の身《しん》・口《く》・意《い》（心）の働きを、仏の真実の働きとする修行である。「三密行《さんみつぎょう》」ともいわれる。

人間の煩悩《ぼんのう》による善悪の行為を三業（身業《しんごう》・口業《くごう》・意業《いごう》）という。それに対して、煩悩を離れた仏の真実の働きを三密（身密《しんみつ》・口密《くみつ》・意密《いみつ》）という。三密行とは、手に印《いん》（印契《いんげい》）を結び、口に真言をとなえ、心に仏を念じる修行をいう。それによって、本来持っている仏性《ぶっしょう》に気づくのである。

身密である印とは、手の指を組んで仏の誓願やさとりの内容を表すこと。密教では「印呪《いんじゅ》」ともいい、僧侶は印を結ぶことでその仏と同じ力を発揮できるとされている。口密である真言とは、仏の真実の言葉とされ、長いものは「陀羅尼《だらに》」、梵字《ぼんじ》一字だけのものは「種字《しゅじ》」と呼ばれる。もともとはバラモン教の神々に対する賛歌で、除厄招福の呪文《じゅもん》でもあった。真言密教では、言葉そのものに霊力《れいりょく》が宿っているとされ、梵語のままとなえる。

意密である行法《ぎょうぼう》は、仏と一体になることを目指すことである。僧侶が行う行法は「四度加行《しどけぎょう》」（96ページ参照）といわれ、これを習得した僧でなければ伝法阿闍梨《でんぽうあじゃり》（師僧）とはなれない。印も真言も、本来、伝法阿闍梨から伝授されるものであり、一般の人が見よう見まねで行っても効果はないとされる。

Q12 誰でもできる「印」と「真言」を教えて？

真言密教

仏像を見ると、さまざまな印（印契《いんげい》）を結んでいることがわかる。それは「印相《いんそう》」とも呼ばれている。ちなみに、胎蔵大日如来《たいぞうだいにちにょらい》の印は「法界定印《ほっかいじょういん》」といい、煩悩《ぼんのう》を離れ、さとりの境地にあることを示している。金剛界《こんごうかい》大日如来の印は「智拳印《ちけんいん》」といい、容易に破られない堅固な智慧《ちえ》を持つことを示している。

合掌《がっしょう》も印の一つで、ぴったりと手のひらを合わせることを「堅実心合掌《けんじつしんがっしょう》」という。右手は仏、左手は自分を表すとされ、合掌は仏と自分が一体になった姿である。蓮華《れんげ》のつぼみのようにふくらませた「蓮華合掌」、右の指を上にして交互に組む「金剛合掌」などがある。これらの印は誰が結んでもよいとされている。

また、真言宗で最も多くとなえられる真言は、左の「光明真言《こうみょうしんごん》」である。大日如来の光明に包まれて迷いや執着が消え、心の安らぎが得られるとされる。

法界定印（胎蔵大日如来）

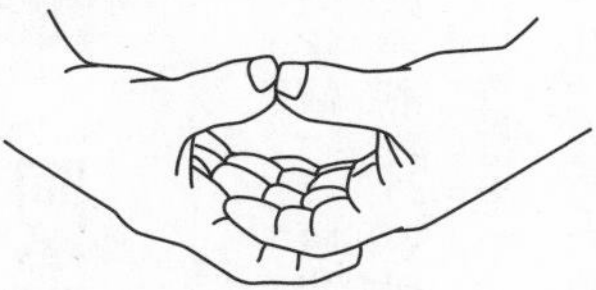

智拳印（金剛界大日如来）

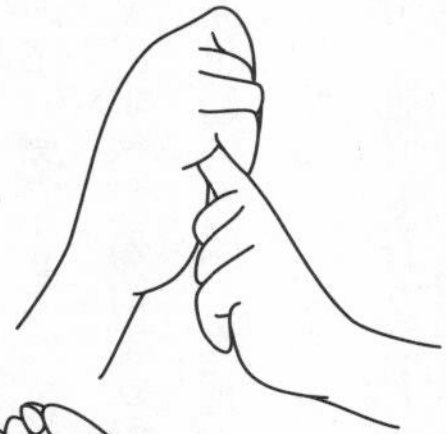

蓮華合掌

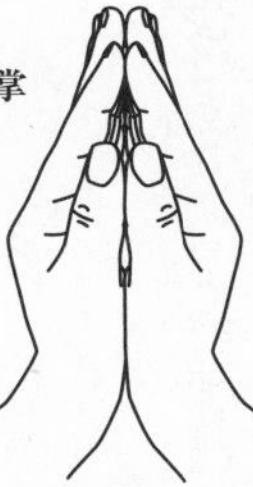

金剛合掌

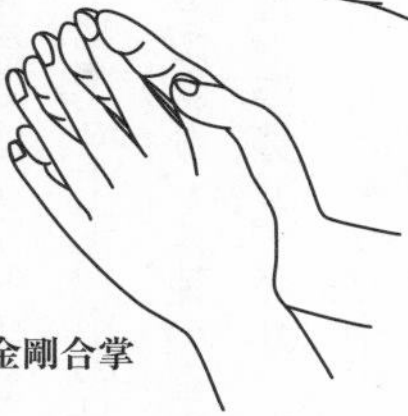

光明真言

七回となえる

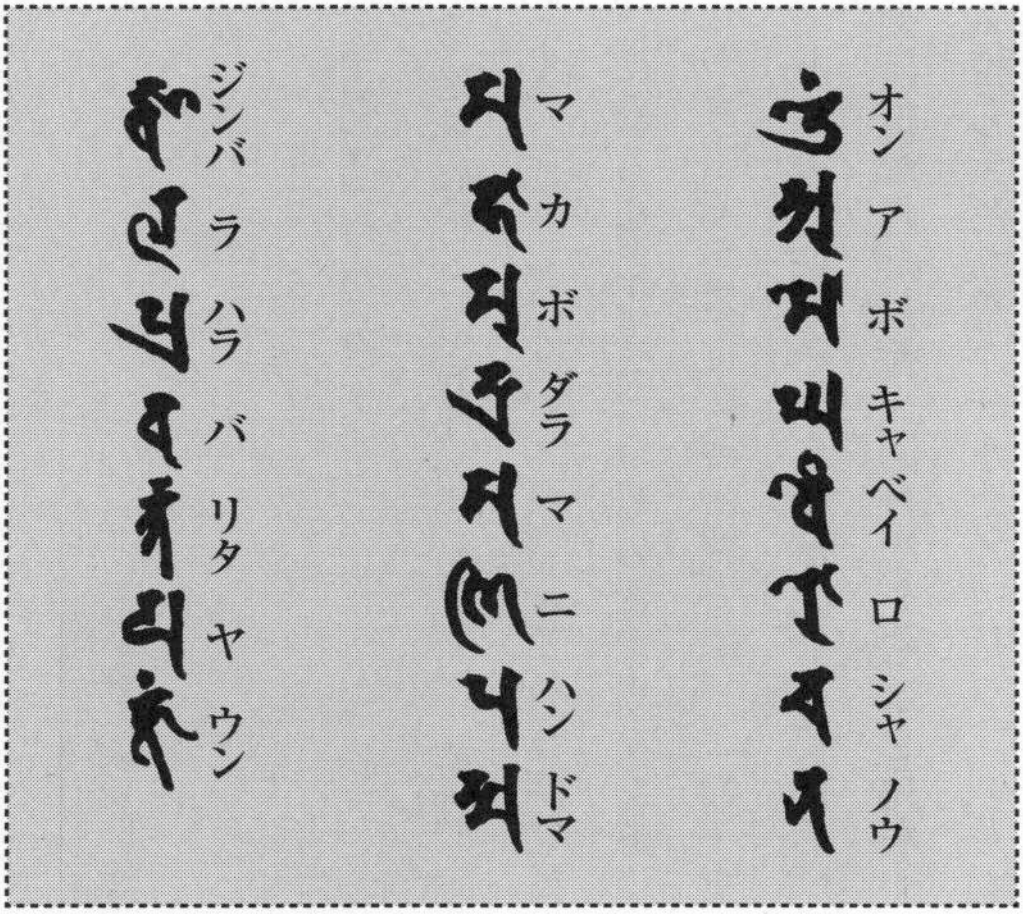
オン　アボ　キャベイロ　シャノウ
マカボダラマニ　ハンドマ
ジンバラ　ハラバリタヤ　ウン

Q13 「阿字観」って何？

真言密教

「阿字観《あじかん》」は瞑想法《めいそうほう》であり、「三密加持《さんみつかじ》」の意密《いみつ》の一つである。

真言密教の坐禅《ざぜん》ともいわれるが、いわゆる坐禅修行とは異なる。しかし、曹洞宗《そうとうしゅう》の「只管打坐《しかんたざ》」（仏としてただ坐《すわ》る）にやや近いかもしれない。真言宗で行う阿字観は、仏になるための修行ではなく、仏と一体になることを味わうものだからである。

阿字《あじ》（𑖀）とは、梵字《ぼんじ》五十字の中の最初の文字である。真言密教では、この一文字を、すべての始まりであり、永遠の存在である大日如来《だいにちにょらい》そのものと見なしている。

簡単にいえば、坐禅の姿勢ですわり、掛軸《かけじく》に書かれた月輪《がちりん》（満月）や阿字を見ながら瞑想することである。もともとは僧侶が気持ちを落ち着かせるために行っていたもので、誰でも行うことができる。

阿字観には三つの段階がある。まず、呼吸をととのえて心を落ち着かせる「数息《すそく》観《かん》」という観法を行う。腹式呼吸で、ゆっくりと一から十までかぞえながら口から息を吐き、十から一までをかぞえて鼻から吸い込む。そうすると心が落ち着いてくる。

次に、心の中に満月を思い浮かべる「月輪観《がちりんかん》」へ進む。月輪観では、思い浮かべた満月を徐々に大きくして自分を包み込み、さらに宇宙全体を包み込む感覚になる。

「阿字観」の修行を行う僧侶（写真提供・金剛峯寺）

　それができたら「阿字観」に入る。「アー」と声を出しながら、掛軸の阿字を見つめて大日如来を念じ、大日如来を自分の心に引き入れて清浄感と智慧《ちえ》の光明《こうみょう》を全身で観じる。ここまで身につけるには、正しいやり方を習得しておくことが必要だ。
　阿字観を体験できる道場は各地にあるので、寺院で僧侶の指導を受けてから行ったほうがよい。

真言密教

Q14 真言宗の僧侶が修得すべき「四度加行」って何？

四度《しど》加行《けぎょう》とは、「十八道法《じゅうはちどうほう》」「金剛界法《こんごうかいほう》」「胎蔵法《たいぞうほう》」「護摩法《ごまほう》」の四種類の行法《ぎょうぼう》をいう。加行とは「修行を繰り返す」という意味である。

十八道法とは、十八種類の印と真言を使って仏尊を供養する密教儀式の基本である。行者の身を清めて魔から身を守る護身法、次に道場を結界《けっかい》（聖域）とする結界法、仏尊を迎えるための道場荘厳《しょうごん》法、仏尊を道場に招く勧請《かんじょう》法、最終的に魔を除く結護《けつご》法、仏尊を接待する供養法を学ぶ。

さまざまな印を結び真言をとなえることで身を清め、仏尊の供養法が身につくまで、何度も繰り返す。いわば僧侶の三密行《さんみつぎょう》で、空海が恵果《けいか》の教えに従って定めたものといわれている。

金剛界法と胎蔵法は、両界曼荼羅《りょうがいまんだら》の諸尊の印と真言を使って、金剛界および胎蔵の大日如来《だいにちにょらい》との一体化を目指す修行である。

護摩法は、護摩壇で火を燃やして一心に真言をとなえ、印を結ぶものである。護摩は各種の加持祈禱《かじきとう》（104ページ参照）の修法《しゅほう》として用いられ、主尊は不動明王《ふどうみょうおう》だ。

行者は、この四度加行を順番に一日三座（午前九時、午後二時、午後四時）一定期間行う。修行の日数は宗門によって異なり、三十日間から百日間と幅がある。

そして四度加行を終わり、伝法灌頂《でんぽうかんじょう》を受けた僧侶は「阿闍梨《あじゃり》」と呼ばれる。阿闍梨とは、梵語《ぼんご》のアーチャーリヤからきた言葉で「行うべきことを知っている人」の意味。密教では師僧を指し、宗門から「教師」の資格が与えられる。住職になることができるのは、教師以上の資格を持った僧侶である。

四度加行が終わっても僧侶はこれらの行法を続けていく。仏と自分が一体となることを「入我我入《にゅうがにゅう》」といい、この状態を何度も繰り返していると、次第に感応能力が増していくのが実感できるという。

真言密教は、自分の身体を使って行法を行い会得する直接体験の宗教であり、空海をはじめ真言宗の高僧は大変な努力の結果、超人的なパワーを身につけたといえる。

真言密教

Q15 修験道も真言宗の一つ？

〝山の宗教〟といわれる修験道《しゅげんどう》であるが、どうもよくわからない人が多いのではないだろうか。

真言をとなえ、仏教経典を読むことから仏教なのか。古代より山の神がまつられる霊山を修行道場とすることから神道《しんとう》なのか。呪術《じゅじゅつ》を使い、超人的な能力を示すことから陰陽道《おんみょうどう》の一派なのか――。

修験道の行者を「修験者《しゅげんじゃ》」あるいは「山伏《やまぶし》」と呼ぶ。彼らの服装や持ち物を見ても密教法具にゆかりのものもあるし、神道に由来するものもある。

修験道は、日本古来の神祇《じんぎ》信仰（道教や儒教、仏教などの外来宗教の影響を受ける以前の古神道）に外来宗教が結びついて発生した山岳信仰で、さまざまな宗教の影響を受けた日本独特の宗教である。宗祖は七～八世紀の役小角《えんのおづぬ》（役行者《えんのぎょうじゃ》）といわれる。

修験道は、仏教の中では密教と最も強く結びついた。空海が日本で真言密教を大成させたのち、最澄《さいちょう》の遺志を引き継いで円仁《えんにん》（慈覚大師《じかくだいし》）や円珍《えんちん》（智証大師《ちしょうだいし》）が入唐《にっとう》して天台密教を隆盛させた。もともと教理を持たない修験道は、こうした密教の教理を取り入れることで、修行の裏付けができるようになり、一つの宗教として成立した。そのため真言をとなえ、手には印を結ぶ。また、護摩《ごま》を焚《た》いたり、得度・受戒、灌頂《かんじょう》などに相当する儀礼もある。

● 修験者（山伏）の装束

錫杖《しゃくじょう》
金剛杖の上に数個の環がついた法具。振ったり地面を強く突いたりして鳴らす
頭襟《ときん》
大日如来の五智の宝冠とされる
法螺《ほら》
獣を追い払ったり、法会の合図に吹く法螺貝で作った鳴らしもの
結袈裟《ゆいげさ》
本山派は房のついた梵天袈裟。当山派は輪宝のついた輪宝袈裟
鈴懸《すずかけ》
修行用の法衣
檜扇《ひせん》
儀式に使われるヒノキ製の扇
最多角念珠《いらたかねんじゅ》
そろばんのような珠を、音を立ててすり合わせることで煩悩を打ち砕くとされる
引敷《ひっしき》
修行中に腰かけるときに使う敷物

真言宗系の当山派《とうざんは》修験道の祖といわれるのが聖宝《しょうぼう》（132ページ参照）である。また、天台宗系の本山派《ほんざんは》修験道の祖といわれるのは、円珍の流れをくむ増誉《ぞうよ》（一〇三二～一一一六）である。これらが現在の修験道の二大法流となっている。

Q16

密教の法具は何に使うもの？

真言密教

密教寺院では、本尊の前に修法《しゅほう》のための大壇《だいだん》があり、他宗では見られない密教法具が多数置かれている。

代表的なものは、金剛杵《こんごうしょ》、金剛鈴《こんごうれい》、羯磨金剛《かつまこんごう》、輪宝《りんぽう》である。これらは古代インドの武器で、煩悩《ぼんのう》を打ち破る堅固な智慧《ちえ》の象徴として密教に取り入れられた。

金剛杵は、両端が尖《とが》っている独鈷杵《とっこしょ》、両端の尖った部分が三つ股になった三鈷杵《さんこしょ》、五つ股になった五鈷杵《ごこしょ》がある。また、片方に宝珠《ほうじゅ》がついた宝珠杵《ほうじゅしょ》は金錍《こんぺい》とも呼ばれる。

空海の絵像や仏像では右手に必ず五鈷杵を持っており、高野山を修行道場として開創したエピソードの飛行三鈷杵《ひぎょうさんこしょ》（49ページ参照）が伝わっている。

羯磨金剛は、金剛杵を十字に組み合わせたもの。輪宝は車輪の形をし、四方を制する力を持つといわれている。

● おもな密教法具

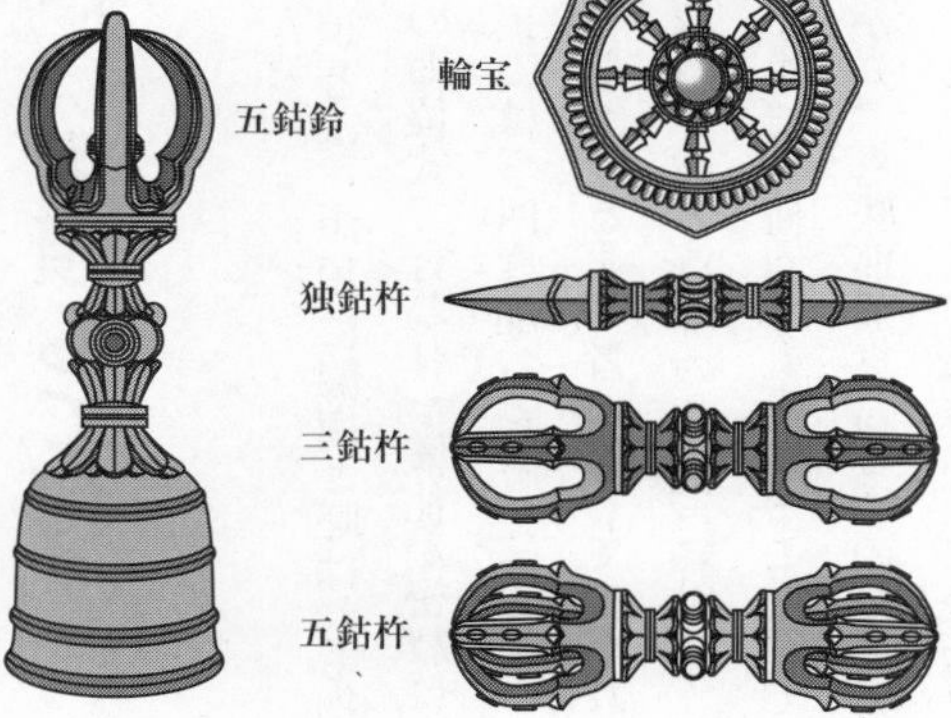

金剛鈴は金剛杵とリン（鈴）が一体となったもので、儀式のときに神仏を喜ばせるために用いる。持ち手の部分の形によって、独鈷鈴、三鈷鈴、五鈷鈴、宝珠鈴、宝塔鈴がある。

そのほか、修法壇《しゅほうだん》の四隅に立てて結界を示す四橛《しけつ》、金剛盤（金剛鈴と三種の金剛杵を置く台）、火舎《かしゃ》（蓋《ふた》付きの金属製香炉《こうろ》）、六器《ろっき》（水や香、樒《しきみ》を入れる器）などが配置される。これら密教法具の使い方は秘儀とされ、師僧から伝授されるものである。

空海が唐《とう》から持ち帰った五鈷杵・五鈷鈴・金剛盤の三点セットは、現在も東寺で毎年行われている後七日《ごしちにち》御修法《みしほ》（118ページ参照）で用いられている。それは『御《ご》請来目録《しょうらいもくろく》』に記されたものだともいわれる。

Q17 「灌頂」って何？

真言密教

灌頂《かんじょう》とは、頭頂《とうちょう》に閼伽《あか》と呼ばれる聖水をふりかける密教の儀礼である。古代インドの王の即位式で行われた儀礼が密教に取り入れられて仏の位を受け継ぐ意味となった。

灌頂には、四度加行《しどけぎょう》を終えた僧侶に対して行う「伝法灌頂《でんぽうかんじょう》」、真言密教の行者として深く学ぼうとする者に対して行われる「受明灌頂《じゅみようかんじょう》」、多くの人々に仏縁を結ばせて本来持っている自身の仏性《ぶっしょう》に気づかせる「結縁灌頂《けちえんかんじょう》」がある。結縁灌頂は、宗派を問わず誰でも何回でも受けることができる。受者は、師僧より密教の戒（三昧耶戒《さんまやかい》）を授かり、三昧耶戒真言と印の結び方を面受《めんじゅ》する。

いずれの灌頂も、大壇の上に曼荼羅《まんだら》を敷き、受者が目隠しをして樒《しきみ》の葉を投げ、葉が落ちた場所の仏尊と縁を結ぶものである。これを「投華得仏《とうけとくぶつ》」という。

金剛界《こんごうかい》曼荼羅を使う金剛界の灌頂と、胎蔵《たいぞう》曼荼羅を使う胎蔵の灌頂がある。曼荼羅には鬼神なども含まれるが、そういった諸尊に当たった場合でも、その仏尊が守り本尊となる。そして投華得仏の後、師僧の前にひざまずき、頭上に聖水をふりかけてもらい、大日如来《だいにちにょらい》から空海に至る系譜の後に師僧と受者の法名《ほうみょう》を書いた血脈《けちみゃく》を受ける。

受明灌頂は学法《がくほう》灌頂ともいい、空海は胎蔵・金剛界二回の学法灌頂でどちらも大日如来の上に樒の葉が落ちたといわれる。古来は四十歳以上の密教行者でなければ受けることができなかったとされるが、三十二歳の空海はわずか二カ月で伝法灌頂を受け、恵果《けいか》は空海に大日如来の別名「遍照金剛《へんじょうこんごう》」の灌頂名（法号《ほうごう》）を与えた。

伝法灌頂では師僧から秘印《ひいん》を授かり、「許可《こか》」と呼ばれる証明書が与えられる。

日本に帰国した空海は高雄山寺《たかおさんじ》で弘仁《こうにん》三年（八一二）の十一月、僧侶である最澄《さいちょう》には密教の受法を許可するための金剛界の学法灌頂を、檀越《だんおつ》の和気《わけ》氏らには金剛界の結縁灌頂を行ったと思われる。十二月には最澄以下百四十五人に胎蔵の灌頂を行ったことが、空海が入壇者の歴名を記録した『灌頂歴名《かんじょうれきめい》』に見られる。

翌年、最澄は空海に伝法灌頂を伝授するように願ったが、なお三年の実修を要すといわれ拒否された（41ページ参照）。

Q18

「加持祈禱」は何を祈るのか？

真言密教

加持祈禱《かじきとう》の目的は四つに分けられる。

息災《そくさい》……災害などに遭わず幸せな暮らしを祈る

増益《そうやく》……病気平癒や事業隆盛など利益《りやく》を増大させる

調伏《ちょうぶく》……心の迷いや障害などを除去する

敬愛《けいあい》……男女の和合や人との親睦《しんぼく》を祈る

たとえば四度加行《しどけぎょう》に護摩法《ごまほう》があるが、目的によって護摩木《ごまぎ》を焚《た》く炉の形や、僧侶のすわる向きなどが変わる。護摩壇を設けて行う儀式を「護摩供法会《ごまくほうえ》」という。

火と同様に、五大《ごだい》（万物の構成要素）の一つが「地」である。土砂を加持《かじ》することを「土砂加持法会《どしゃかじほうえ》」という。

これは、光明真言《こうみょうしんごん》（93ページ参照）を休みなくとなえて加持した清浄な土砂をお墓にまけば地獄に堕《お》ちている亡者《もうじや》も浄土に往生でき、田畑にまけば作物が豊穣になるといわれているものである。鎌倉時代に叡尊《えいそん》（152ページ参照）が奈良の西大寺《さいだいじ》で始め、毎年十月に三日三晩行われている。また、近畿《きんき》・四国・中国地方で信仰が篤《あつ》く、檀信《だんしん》徒《と》の葬儀や法事は土砂加持法会を基本として盛大に営まれる。

弘仁《こうにん》十二年（八二一）、空海が唐《とう》から持ち帰った両界《りようがい》の曼荼羅《まんだら》の傷みが激しいので修理して供養を行ったのが「曼荼羅供法会《まんだらくほうえ》」の始まりだ。「曼供《まんく》」ともいう。真言宗の法会は曼荼羅の諸尊を礼拝《らいはい》するもので、すべて曼供ともいえる。

このほか、『大般若経《だいはんにやきよう》』六百巻を転読《てんどく》する「大般若法会《ほうえ》」は、智慧《ちえ》の風を起こし、煩悩《ぼんのう》を払うとされている。『理趣経《りしゆきよう》』は、安楽と真の歓喜を得られる最もありがたいお経とされている。このお経をとなえる真言宗のお寺の日常勤行《ごんぎよう》や、檀信徒の法事などはすべて「理趣三昧法会《りしゆざんまいほうえ》」といえる。

真言密教の加持祈禱《かじきとう》は、すべてを仏に頼るのでもなく、行者の超人的なパワーによるものでもない。仏の力とそれを受け入れる行者の能力が合体したときに、修法《しゆほう》の力が発揮されるのである。

Q19

真言宗の仏壇のまつり方について教えて？

仏壇とは、先祖の霊をまつるだけでなく、檀信徒《だんしんと》が日々、仏と縁を結ぶ場所である。つまり、家庭内のお寺であり、信仰のよりどころとなるものだ。

仏壇の中でいちばん大切なのは本尊だ。真言宗ではすべての仏尊を大日如来《だいにちにょらい》の化身《けしん》と考えるため、お寺の本尊にはさまざまな仏尊がまつられているが、家庭の仏壇では大日如来を本尊として、向かって右に弘法大師《こうぼうだいし》空海、左に不動明王《ふどうみょうおう》（新義真言宗では興教大師覚鑁《こうぎょうだいしかくばん》）を脇侍《わきじ》としてまつるのが一般的だ。位牌《いはい》や過去帳（霊簿）は一段下がったところに安置する。なお、小さな仏壇の場合は、大日如来または弘法大師を本尊とし、両脇に位牌を安置する略式のまつり方でもよい。

仏壇を飾ることを「荘厳《しょうごん》」というが、燭台《しょくだい》・香炉・華瓶《けびょう》の三具足《みつぐそく》を置けば立派な仏壇である。具足とは、何一つ欠けたものがないという意味だ。

● 仏壇のまつり方（荘厳《しょうごん》）

＊小さな仏壇は
太字の仏具
だけでよい

＊本尊の絵像は
菩提寺を通じ
ていただく

❶**本尊**（大日如来または弘法大師）

❷位牌《いはい》　❸過去帳（霊簿）　❹**仏飯**《ぶつぱん》　❺**茶湯**《ちやとう》　❻高坏《たかつき》　❼ **燭台**《しょくだい》

❽**香炉**　❾**華瓶**《けびょう》　❿香盒《こうごう》　⓫線香立て　⓬**リン**（**打ち鳴らし**）

⓭**聖典**《せいてん》（**経本**）　⓮念珠《ねんじゅ》（数珠《じゅず》）　⓯経机

過去帳（霊簿）　戒名・祥月命日（死亡の年月日）・行年・俗名などを記しておくもの。命日には、その日を開いておく

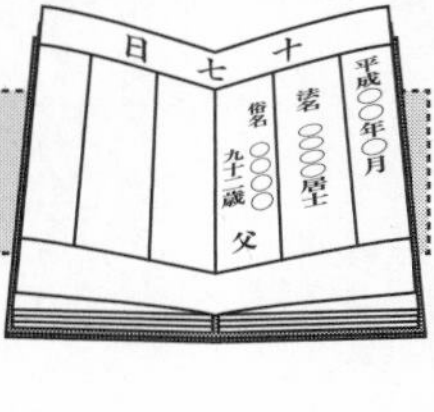

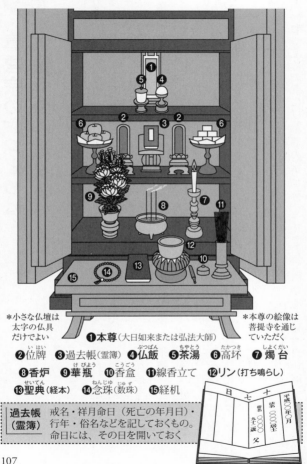

Q20 真言宗のおつとめは供養の後に行う？

仏前に礼拝《らいはい》し読経《どきよう》することを「おつとめ」という。真言宗では「礼拝は供養の後」といって、六種供養を大切にしている。

六種供養とは、閼伽《あか》（お茶や水）、塗香《ずこう》（両手に塗るお香）、華鬘《けまん》（礼拝者に向けてそなえた生花）、焼香（線香や抹香の香り）、飲食《おんじき》（仏飯《ぶつぱん》や菓子・果物など）、灯明《とうみよう》（ろうそくの灯《あか》り）をいい、仏のさとりの境地に至るための六つの徳目（六波羅蜜《ろつぱらみつ》）とされているからだ。閼伽はすべてを育む生命の根源なので布施の徳、塗香は身心を清めるので持戒《じかい》の徳、華鬘は人々の心を和ませるので忍辱《にんにく》の徳、焼香は休みなく燃えて隅々まで行き渡るので精進《しようじん》（努力）の徳、飲食は身心を養うので禅定《ぜんじよう》の徳、灯明は闇《やみ》を照らすので仏の智慧《ちえ》（般若《はんにや》）の徳を表す。

朝のおつとめの前には華瓶《けびよう》の水をかえ、炊きたてのご飯を盛った仏飯、茶湯などを生きている人に接する気持ちで給仕する。命日やお盆、お彼岸には、霊供膳《りようぐぜん》（祖先への供養の膳）や精進供《しようじんぐ》（仏への供養の膳）を仏前に箸《はし》を向けてそなえる。

仏壇の給仕がととのったら合掌礼拝し、経本を額《ひたい》の前に両手で掲げてから読経を始める。真言宗のおつとめは三密行《さんみつぎよう》だ。つまり、合掌礼拝は身密《しんみつ》、真言をとなえ読経する口密《くみつ》、心に曼荼羅《まんだら》の諸尊を念ずる意密《いみつ》である。

檀信徒の合掌礼拝の作法は、堅実心合掌《けんじつしんがつしよう》や蓮華合掌《れんげがつしよう》あるいは金剛合掌《こんごうがつしよう》（92・93ページ参照）をし、軽く一礼すればよい。僧侶が行う正式な作法は「五体投地《ごたいとうち》」といって、立って合掌した姿勢から、ひざまずいて両手の手のひらを上に向け、肘《ひじ》と額を床につけて耳の横で手のひらを立てる礼拝の仕方である。これを三回繰り返すことを三礼《さんらい》という。読経を終えたら、再び合掌礼拝する。

おつとめは朝夕二回が望ましいが、一日一回でもかまわない。仏飯などはおつとめ後、正午までに下げて、肉や魚を避けた精進料理でいただくのがよい。これは、戒律によって午後以降は食事をとらない釈迦《しやか》の時代の僧侶の食生活にならって昔から続けられてきた、奥ゆかしい習慣である。

Q21 真言宗の念珠の作法を教えて?

真言宗では数珠《じゅず》を「念珠《ねんじゅ》」と呼ぶ。仏前に礼拝《らいはい》するときに欠かせない法具で、本来は、真言などを繰り返しとなえる際に回数をかぞえるために使われる。

真言宗では、百八珠《たま》のものを「本連《ほんれん》」と呼んで正式としている。それは、空海が唐《とう》から帰国するときに恵果《けいか》から授けられたものを基本形としている。本連の念珠は両手にかけて使うことから「振分念珠《ふりわけ》」と呼ばれる。また、真言宗以外でも用いられるので「八宗用」ともいわれる。しかし、本連では重くて扱いが大変なので、現在は半連《はんれん》(五十四珠)、四半連《しはんれん》(二十七珠)といった、略式の片手にかける「片手念珠」がある。

本連の念珠を軽く三度すり合わせれば、百八あるという煩悩《ぼんのう》をすり減らし、胎蔵曼荼羅《たいぞうまんだら》の諸尊に通じるといわれている。だが本連の念珠は作法が複雑で真言宗各派によっても異なるため、檀信徒《だんしんと》は宗派を問わない片手念珠でよい。

● 本連（振分念珠）の作法（真言宗智山派の場合）

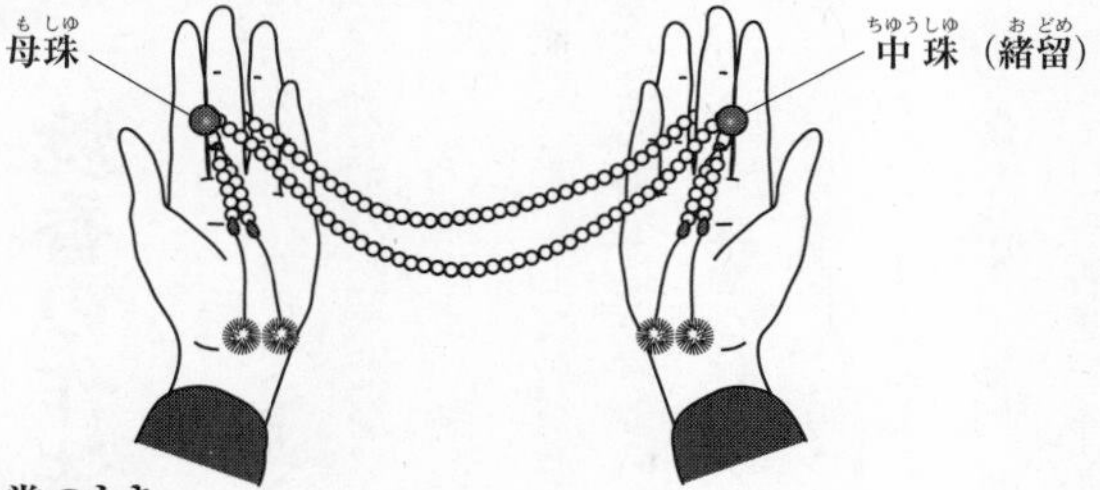

合掌のとき

母珠を左手の中指にかけ、中珠を右手の中指にかけて房を手のひらの中に包み込む

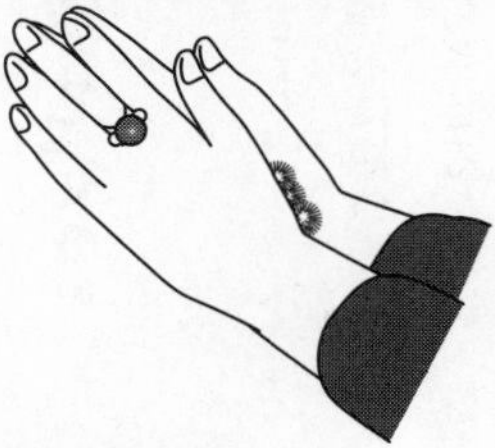

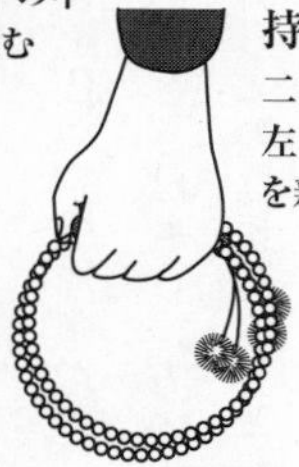

持つとき

二重にして両房を左手で握り、母珠を親指で押さえる

● 片手念珠の作法

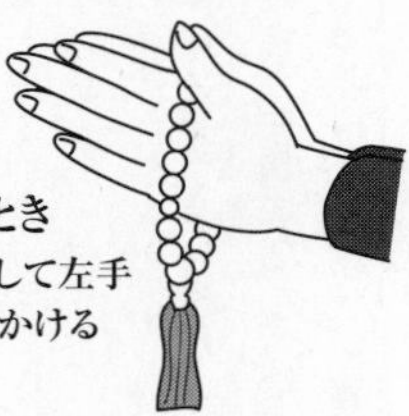

合掌のとき

房を下にして左手の四指にかける

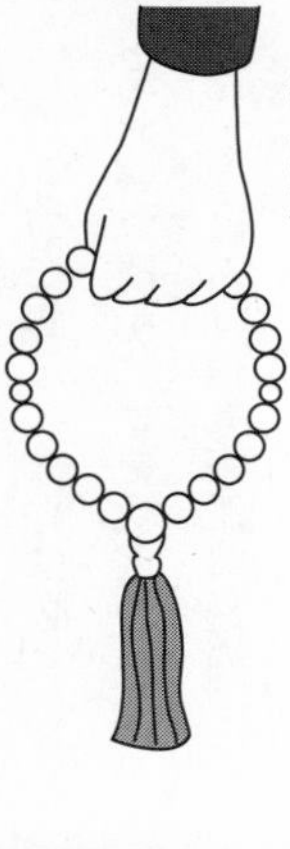

持つとき

房を下にして左手で持つ

※礼拝や読経中、本連の念珠は一重で母珠を上にして左腕にかけておく。
片手念珠は房を下にして左手首にかけておく。

葬儀・法事・お墓

Q22 真言宗の焼香の作法を教えて？

焼香《しょうこう》とは、抹香《まっこう》や線香を炷《た》くことをいう。抹香は、古くは沈香《じんこう》や白檀《びゃくだん》などの香木を粉砕したものだったが、現在は香木に樒《しきみ》の葉や皮の粉末などを混ぜたものがよく使われている。線香は、香りを長持ちさせるために、粉末にした材料を練り合わせて棒状や渦巻き型にして乾燥させたものだ。

焼香は邪気を払い、よい香りを仏や先祖に喜んでいただくものである。線香は必ずろうそくから火をつけ、火を消すときはもう一方の手であおいで消す。息を吹きかけて消してはいけない。リンを鳴らすのは読経のときだけだ。これらは仏教宗派共通のマナーである。抹香による焼香の作法や線香の本数などは、宗派によって多少違いがある。葬儀や法事で参列者が一人ずつ焼香する際には、とくに作法が気になるものだ。

真言宗では線香を三本立てる。抹香による焼香の作法も三回がよいとされるが、参列者の数が多い場合や指示があったときは一回でかまわない。「三」という数字は、仏（仏陀《ブッダ》）・法（仏法）・僧（修行の仲間）の三宝《さんぼう》への帰依《きえ》や、三密行《さんみつぎょう》に精進することを表す。また、最初の焼香を「戒香《かいこう》」、次を「定香《じょうこう》」、最後を「解脱香《げだつこう》」と呼んで、自身の持戒《じかい》、禅定《ぜんじょう》、そして煩悩《ぼんのう》からの解脱の功徳《くどく》があるともいわれている。

● 焼香の作法

①念珠をかけて本尊に合掌礼拝
②抹香をつまんで額におしいただき香炉へ入れる（3回行うときは同様に）
③再び念珠をかけて合掌礼拝

Q23 真言宗の位牌にはア字を刻む？

葬儀・法事・お墓

「戒名《かいみょう》」とは、仏弟子《ぶつでし》（仏の弟子）となった証《あかし》として授けられる受戒名であり、正式には「法名《ほうみょう》」と呼ぶ。現代ではお葬式のときに戒名をいただくのが一般的だが、本来は生前に戒を受けていただくものである。出家して僧侶となる者は得度式《とくどしき》で戒を授かり、法名をいただく。

法名（戒名）は通常四文字で、とくに上の二字を「道号《どうごう》」という。道号は本来、四度加行《しどけぎょう》を修得した僧侶に与えられる称号だったが、現在は檀信徒《だんしんと》にも諡《おくりな》として生前の功績や人柄を表す文字がつけられる。

檀信徒の戒名には「位号」が付与され、さらに「院号」がつくこともある。これらは性別などを表すとともに、菩提寺《ぼだいじ》との関係の深さや貢献度を表している。院号は、もともと上皇が御所を寺院としたことに由来するが、現在は宗門の興隆や社会に貢献した人に与えられるようになった。

また、真言宗では位牌《いはい》に戒名を刻むとき、戒名の上に梵字《ぼんじ》の𑖀（ア字＝阿字）を刻む。小児の場合は𑖎（カ字）を刻む。ア字は大日如来《だいにちにょらい》の浄土へ還《かえ》ることを示し、カ字は地蔵菩薩《じぞうぼさつ》の導きがあることを示している。

●真言宗の法名（戒名）

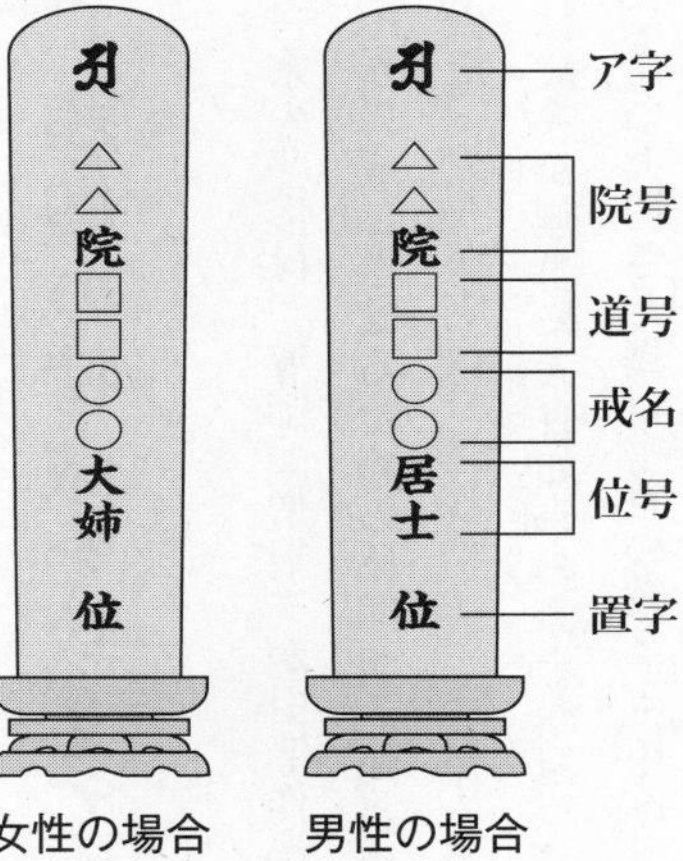

※位牌《いはい》に戒名を刻むときは置字《おきじ》（位・霊位）をつける

■おもな位号

居士《こじ》・大姉《だいし》	成人以上の男女で、とくに信仰心の篤《あつ》い者
信士《しんじ》・信女《しんにょ》 善士《ぜんじ》・善女《ぜんにょ》	15歳以上の男女
童子《どうじ》・童女《どうにょ》 善童子・善童女	15歳未満の男女
孩子《がいし》・孩女《がいにょ》	２～３歳の幼児
嬰児《えいじ》・嬰女《えいにょ》	乳児
水子《すいし》	流産・死産の胎児

Q24 真言宗の葬儀の特徴を教えて？

葬儀・法事・お墓

真言宗の葬儀は、導師（僧侶）が引導作法を行い、故人に戒を授けて仏弟子《ぶつでし》とし、すみやかに成仏させるための秘印明《ひいんみょう》（印を結び、真言をとなえること）を与えるのが特徴だ。故人が成仏できるよう、さとりへ導くことを「引導を渡す」という。また、葬儀は故人が無事に大日如来《だいにちにょらい》の浄土へ還《かえ》っていくことを願うと同時に、生きている人々に命の大切さと真言密教の教えを伝える意味がある。

また、初七日《しょなのか》から四十九日《しじゅうくにち》までに基本的には七回行う中陰忌《ちゅういんき》法要と、一周忌や三回忌などの年忌法要（年回法要）を行う意味も、葬儀と同様である。

これらの法要は、一般に「法事」と呼ばれている。年忌法要は、亡くなって一年目に一周忌、二年目に三回忌、六年目に七回忌、十二年目に十三回忌、その後、十七回忌、二十三回忌、二十七回忌、三十三回忌、五十回忌と続く。ただし地域によって、二十三回忌と二十七回忌を略して二十五回忌を行うなど異なる。

法事の際、お墓に卒塔婆《そとば》を立てて追善供養する風習がある。

卒塔婆は、塔婆や板塔婆ともいわれる。梵語《ぼんご》のストゥーパを漢語で音写したもので、もともとは仏舎利《ぶっしゃり》（釈迦《しゃか》の遺骨）を安置したインドの塚のこと。これがお墓のルーツといわれる。それが仏舎利塔となり、中国を経て日本に伝わって木造の三重塔や五重塔になった。そして「五輪塔」と呼ばれる小型の石塔となり、さらにその形を模して板に刻みを入れた卒塔婆が墓石の後ろに立てられるようになった。

真言宗の卒塔婆には、万物の構成要素である五大（地《ち》・火《か》・水《すい》・風《ふう》・空《くう》）を示す梵字が書かれ、大日如来の世界を表している。卒塔婆供養には、一切の不浄を除いて霊の安住地とする意味がある。

真言宗のお墓の特徴は、墓石正面の「○○家之墓」の文字の上に梵字の𑖀（ア字）を刻むことである。ア字は大日如来を表しており、生命の根源である大日如来にいただいた命が、再び大日如来の浄土へ還ることを意味している。あるいは「南無大師遍《なむだいしへん》照金剛《じょうこんごう》」と、空海への帰依《きえ》を表す宝号《ほうごう》を刻むこともある。

Q25

真言宗最大の行事「後七日御修法」とは？

お寺・遍路

真言宗最大の行事といえば、「後七日御修法《ごしちにちみしほ》」である。国家安泰・五穀豊穣を祈り、天皇の御衣《ぎょい》を加持祈禱《かじきとう》する行事だ。

承和《じょうわ》元年（八三四）正月、空海が宮中真言院で行った鎮護《ちんご》国家の修法《しゅほう》に始まり、現在は毎年一月八日から十四日まで、東寺（教王護国寺《きょうおうごこくじ》）灌頂院《かんじょういん》で行われている。真言宗各派総大本山会の高僧が集い、息災護摩壇《そくさいごまだん》・増益《そうやく》護摩壇・五大尊壇などを設けて同時に修法される。秘法のため参詣者の入堂はできないが、宮内庁から天皇の御衣が運ばれる上堂と退堂の荘厳な僧列を見ることができる。

空海が高野山で入定《にゅうじょう》したのはその翌年（八三五）の三月二十一日である。高野山では、新暦と旧暦の三月二十一日に全山を挙げて「正御影供《しょうみえく》」が行われる。新暦の法会《ほうえ》は年に一度の御衣奉持《ぎょいほうじ》の儀式である。壇上伽藍《だんじょうがらん》にある御影堂《みえいどう》には、真《しん》如法親王《にょほっしんのう》（131ページ参照）によって描かれた空海の御影《みえい》がまつられ、空海は今も生きているとして御衣が奉じられるのである。御衣は一年間供養されたのち、一年ごとに任命される法印《ほういん》（寺務検校《けんぎょう》）が身につける。旧暦の法会の逮夜《たいや》（前夜）には御影堂で「萬燈萬華会《まんどうまんげえ》」が行われ、参詣者に堂内が開帳される。

正御影供は、真言宗の各お寺でいちばん大切にされている報恩の行事である。また毎月二十一日は「お大師様の縁日」として、東寺の「弘法市《こうぼういち》」がよく知られている。

毎年六月十五日は「弘法大師降誕会《ごうたんえ》」である。空海が誕生した宝亀《ほうき》五年（七七四）のこの日は、奇《く》しくも恵果《けいか》の師である不空《ふくう》が唐《とう》で没した日だ。それを知った空海は、自分は不空の生まれ変わりであると信じていたという。

高野山では「青葉まつり」と呼ばれ、稚児行列や青葉娘などによる華やかな花御堂《はなみどう》渡御《とぎょ》が行われる。また、真言宗智山派《ちさんは》総本山・智積院《ちしゃくいん》でも「青葉まつり」と呼ばれているが、宗祖・空海と、中興の祖・覚鑁《かくばん》の誕生を祝う行事だ。覚鑁が誕生したのは、嘉保《かほう》二年（一〇九五）六月十七日である。

新義真言宗では、覚鑁の命日である十二月十二日に「陀羅尼会《だらにえ》」を行う。これは、床についた覚鑁のために弟子たちが『仏頂尊勝陀羅尼《ぶっちょうそんしょうだらに》』をとなえて息災延命を祈ったことからという。この陀羅尼をとなえたり書き記した護符《ごふ》を身につけることによって難を逃れるといわれている。

真言宗の行事には、諸尊の加護を願うものが多い。一年の幸せを祈る「修正会《しゅしょうえ》」もそうである。「如意宝珠法《にょいほうじゅほう》」という秘法を行い、護摩《ごま》を焚《た》く。

節分は、千葉県の成田山新勝寺《しんしょうじ》などの豆まきで有名だが、年の変わり目である。密教では人間の運命に影響を与える星まわりが変わるといわれ、星供曼荼羅《ほしくまんだら》をまつり、息災や所願成就を祈る「星供」や「星まつり」を行うお寺も多い。

お盆の前後には他宗でも「施餓鬼会《せがきえ》」がよく行われる。これは、無縁仏や餓鬼などすべての霊を供養する法会《ほうえ》であり、釈迦《しゃか》の弟子の阿難《あなん》が餓鬼道《がきどう》に堕《お》ちるところを救われたことを説く『救抜焔口餓鬼陀羅尼経《くばつえんくがきだらにきょう》』に由来している。五智如来《ごちにょらい》の五色幡《ごしきばた》を立てた施餓鬼棚《せがきだな》に「三界萬霊等《さんがいばんれいとう》」の位牌《いはい》をまつり、供養する。また、出産で亡くなった母子や水死者のため、川のほとりに結界を設けて供養する「流れ灌頂《かんじょう》」や「流水《るすい》灌頂」と呼ばれる古い習俗が残る地方もある。

●真言宗のお寺のおもな行事

〔祈願の行事〕

修正会《しゅしょうえ》　1月	年の始めに一年の幸せを祈願する
後七日御修法《ごしちにちみしほ》　1月8日～14日	真言宗各派の高僧が東寺に集い、国家の安泰と五穀豊穣を祈る
節分会《せつぶんえ》・星供《ほしく》　立春の前日	豆をまいて諸悪を払い、福を招く。星供曼荼羅をまつり、除厄招福を願う
庭儀大曼荼羅供《ていぎだいまんだらく》　４月10日	生きとし生けるものすべてに功徳《くどく》を施す高野山で最も古い行事
大般若法会《だいはんにゃほうえ》　随時	東寺では毎月1日、『大般若経』の転読が行われる

〔報恩の行事〕

常楽会《じょうらくえ》(涅槃会《ねはんえ》)　2月15日	釈迦《しゃか》入滅の日
正御影供《しょうみえく》　3月21日	空海入定《にゅうじょう》の日。寺院によって新暦・旧暦で行われる
仏生会《ぶっしょうえ》(灌仏会《かんぶつえ》・花まつり)　4月8日	釈迦の生誕日。花御堂《はなみどう》に誕生仏をまつり、甘茶をかける
青葉まつり(弘法大師降誕会《ごうたんえ》・両大師降誕会)　6月15日	空海の生誕日。6月17日の覚鑁《かくばん》の生誕日とあわせて行うお寺もある
成道会《じょうどうえ》　12月8日	釈迦がさとりを開いた日
陀羅尼会《だらにえ》　12月12日	覚鑁の没した日

〔回向の行事〕

彼岸会《ひがんえ》(お彼岸)　3月、9月	大日如来の浄土に思いを馳せる。秋彼岸の中日には高野山金堂で一座土砂加持法会が行われる
盂蘭盆会《うらぼんえ》(お盆) 7月または8月	先祖をしのびつつ仏法を聞く
萬燈供養会《まんどうくようえ》(ろうそく祭り)　8月13日	高野山奥之院の参道をろうそくで埋め尽くし、諸霊の追福を祈る
奥之院萬燈会《まんどうえ》　10月1日～3日	高野山奥之院燈籠堂で世界平和を祈り、四恩に感謝し、諸霊の追福を祈る
施餓鬼会《せがきえ》・流れ灌頂《かんじょう》　随時	無縁仏や餓鬼など諸霊の追福を祈る

Q26

遍路の始まりを教えて?

お寺・遍路

仏尊や祖師などのゆかりの霊場や寺院などをめぐって参拝することを巡礼という。巡礼は日本人の旅の始まりといわれる。

高野山や熊野、伊勢《いせ》などは平安時代から巡礼地として知られていた。最も古いのが「西国三十三所観音霊場《かんのんれいじょう》」である。奈良時代に大和国《やまとのくに》の長谷寺《はせでら》(奈良県桜井市)の僧・徳道《とくどう》が閻魔《えんま》大王の教示を受けて創設したと伝わる。

室町時代末期には、「坂東《ばんどう》三十三観音霊場」「秩父《ちちぶ》三十四所観音霊場」とあわせて百観音霊場巡礼が始まった。地蔵霊場めぐり、七福神めぐりなど、全国にさまざまな巡礼コースがある。そうしたなかで最も有名なのが「四国八十八ヶ所霊場」である。

起源は、空海が自身の修行の地を巡礼地として四十二歳のときに創設したという説、あるいは空海没後に弟子の真済《しんぜい》(八〇〇~六〇)が霊跡をめぐって巡礼コースが確立され、真言宗僧侶の修行の地となったという説などがある。また、伊予国《いよのくに》（愛媛県）の強欲非道な豪農・衛門三郎《えもんさぶろう》がこれまでの非道を悔いて、空海を探し求めて改心の旅に出た。それが遍路《へんろ》の起源になっているという伝説もある。

八十八という数は、男性四十二歳、女性三十三歳、子供十三歳といわれる厄年をあわせた数であるとか、人間の煩悩の数であるとかされるが、霊場をめぐるごとに煩悩を一つずつ取り除くことができるとも伝わる。

この四国八十八ヶ所霊場の札所《ふだしょ》めぐりを「遍路」といい、巡礼者を地元の人たちは「お遍路さん」と呼んでいる。

四国霊場の全行程は約千四百キロあり、徒歩でめぐれば約二カ月、車でも約二週間はかかる。発願寺《ほつがんじ》である一番札所は霊山寺《りようぜんじ》（徳島県鳴門《なると》市）で、そこから四国を右回りに一周して八十八番札所の大窪寺《おおくぼじ》（香川県さぬき市）が結願寺《けちがんじ》となる。

四国四県を仏道修行の段階になぞらえて「発心《ほつしん》の道場＝徳島県」「修行の道場＝高知県」「菩提《ぼだい》の道場＝愛媛県」「涅槃《ねはん》の道場＝香川県」とし、道場（県）ごとにめぐる〝区切り打ち〟をする人も多い。

もっと知りたい真言宗②

お坊さんの袈裟はどうなっているの?

真言宗の正装では、五条袈裟《ごじょうげさ》、七条袈裟《しちじょうげさ》、木蘭色《もくらんじき》（黄褐色）の如法衣《にょほうえ》（171ページ参照）などを掛ける。

五条袈裟は、威儀《いぎ》五条、礼装用の紋白《もんじろ》五条、常時の白袈裟《しろげさ》などに分類される。威儀五条の色には規定がないが、宗紋が白く織られた紋白五条は、紫色と、僧正《そうじょう》以上に許される緋色《ひいろ》とがある。袈裟の下に着る法衣《ほうえ》の色も緋色が最高位で、紫色や萌黄《もえぎ》色など僧の階級によって定められているが、木蘭色は階級に関係なく用いられる。

図は、僧侶がふだん身につけている略式の袈裟だ。

古義真言宗系では、「折五条《おりごじょう》」と呼ばれる、五条袈裟を細長く折りたたんだものを掛ける。檀信徒《だんしんと》が掛ける輪袈裟《わげさ》はそれを簡略化したものだ。

真言宗豊山派の僧の略袈裟は「小野塚《おのづか》五条《ごじょう》」と呼ばれる。

第3章

日本史の中の真言宗

開祖弘法大師空海が生まれた佐伯家の邸宅跡に建てられた四国八十八ヶ所霊場第75番善通寺の御影堂（香川県善通寺市）

（写真提供：四国八十八ヶ所霊場会）

早わかり真言宗❸

空海以降の真言宗史

空海が入定《にゅうじょう》する直前に真言宗の年分度者《ねんぶんどしゃ》（各宗に割り当てられた毎年の官僧の人数）は三人が認められた。そして高野山金剛峯寺《こんごうぶじ》が定額寺《じょうがくじ》となった。定額寺とは官寺《かんじ》に次ぐ寺格のことで、朝廷から寺院の維持費を支給される。これで教団は国家公認となり、宮中で行った後七日御修法《ごしちにちみしほ》とあわせて、空海は真言宗の基盤をほぼ完成させた。

空海入定後の真言宗は「十大弟子」と呼ばれる優秀な直弟子たちが跡を継いだ。だが、当初から神護寺《じんごじ》（高雄山寺《たかおさんじ》を八二四年に改名）、東寺《とうじ》（教王護国寺《きょうおうごこくじ》）、高野山の三大道場が争うかたちになって、真言宗として一枚岩の結束を誇ることはできなかった。

真言宗の内部分裂をしり目に、天台宗は最澄《さいちょう》没後に円仁《えんにん》や円珍《えんちん》らが入唐《にっとう》して密教を学び、宗勢を盛り返した。その後、真言宗でも益信《やくしん》や聖宝《しょうぼう》などの名僧が出て挽回《ばんかい》し、権力者層の支持を得ていった。その中で、真言教学の研究に大きな役割を果たしたのが覚鑁《かくばん》である。彼は、阿弥陀如来《あみだにょらい》の極楽浄土に往生することを説く浄土信仰と、真言密教の融合をとなえた。しかし高野山の保守派と対立し、紀州《きしゅう》の根来《ねごろ》にくだる。それが新義真言宗本山・根来寺《ねごろじ》誕生のきっかけになった。

鎌倉・室町時代は各大寺から優秀な学僧が出て、真言教学研究に成果を上げた。また、戒律を復興させようとする運動も起こった。戦国時代になると織田信長《おだのぶなが》、豊臣秀吉《とよとみひでよし》の仏教弾圧によって多難な時代となる。根来寺は秀吉に焼き討ちされ、壊滅的な被害を受けた。

江戸時代は幕府の宗教政策によって「檀家《だんか》制度」が確立、仏教寺院は経済的に保証されるものの、自由な布教活動には監視の目が向けられた。一方で、教学研究は奨励され、根来寺を逃れた学僧たちが智山派《ちさんは》と豊山派《ぶざんは》を形成し、実績を上げた。

明治になると〝廃仏毀釈《はいぶつきしゃく》〟により仏教界全体が大きな痛手を被った。それから立ち直った真言宗は、明治八年（一八七五）に合同真言宗を成立させたが、各派の離合集散は繰り返された。昭和三十三年（一九五八）に「真言宗各派総大本山会」（62ページ参照）が発足し、現在の真言宗各派は連携を図っている。

Q1 空海の一番弟子は誰？

平安時代

正統密教の継承者として名を馳《は》せる空海（七七四〜八三五）のもとには、その教えを学ぼうと全国から多くの僧侶が集まった。彼らは、神護寺《じんごじ》、東寺《とうじ》（教王護国寺《きょうおうごこくじ》）、高野山で研鑽《けんさん》を積んだ。その中でもとくに有能な直弟子が「空海の十大弟子」と呼ばれている。これは釈迦《しゃか》の十大弟子になぞらえて後世の人がそう呼んだものだ。また、実慧《じちえ》、杲隣《ごうりん》、泰範《たいはん》、智泉《ちせん》は「四哲《してつ》」とも呼ばれている。

「空海の十大弟子」という言葉が見られるのは、江戸時代となる前後の慶長《けいちょう》年間（一五九六〜一六一五）に成立した『弘法大師《こうぼうだいし》十大弟子伝』である。その根拠とされるのは、空海の入定《にゅうじょう》から四十三年を経た元慶《がんぎょう》二年（八七八）に朝廷に提出された「本朝《ほんちょう》真言宗《しんごんしゅう》伝法《でんぽう》阿闍梨《あじゃり》師資《しし》付法《ふほう》次第《しだい》の事」である。その中に、真済《しんぜい》、真雅《しんが》、実慧、道雄《どうゆう》、円明《えんみょう》、真如《しんにょ》（法親王《ほっしんのう》）、杲隣、泰範、智泉、忠延《ちゅうえん》の名が見える。

　さて、十大弟子は大きく二つのグループに分けることができる。一つは、空海の弟子となる前に別の寺院で得度《とくど》していた僧たちで、空海と泰範（七七八～？）は年齢がさほど違わない。これに対して、空海のもとで得度した僧たちがいる。彼らは法名《ほうみよう》に「真」の字がつく者が多い。また、空海は血縁・地縁関係の弟子を大切にしたことでも知られる。真雅は二十七歳年下の実弟、智泉は空海の姉の子である。実慧と道雄は、讃岐国《さぬきのくに》の佐伯《さえき》氏の出身で空海と同族とされる。

　十大弟子の中で空海が最も信頼をおいていたのは実慧（七八六～八四七）だといわれる。実慧は東大寺で得度し、高雄山寺《たかおさんじ》に入って空海から灌頂《かんじよう》を受けた。そして泰範とともに高野山の開創に尽力した。

　空海は入定の三年前にあたる天長《てんちよう》九年（八三二）に東寺を実慧に、神護寺を真済（八〇〇～八六〇）に託した。そして入定の前年に、修行の根本道場である高野山を甥《おい》の真然《しんぜん》（?～八九一）に託した。

　真然は九歳で空海の弟子となり、灌頂を受けたのは天長八年（八三一）、真雅（八〇一～八七九）からだった。真然は生年不詳だが、一説に真雅より三歳または十一歳年下とされる。とすれば実慧とは十八〜二十六歳も離れていることになるが、真然は空海の葬儀を指揮し、高野山の造営を引き継いだのである。その鍵は真雅である。

真雅は空海入定の年、東大寺真言院（45ページ参照）を受け継いだ。また、空海が高野山への中継地点として賜った川原寺《かわはらでら》（奈良県明日香《あすか》村・弘福寺《ぐふくじ》）と東寺経蔵を任されたともいわれる。真雅はそれだけ優秀な弟子であり、多忙すぎた。そして真然は空海と真雅の甥であり、まさに佐伯一族の期待の星だったのである。

実慧と真雅のライバル関係は、その弟子たちにも影響した。そこには、高野山と東寺の覇権争いもあったと推測できる。

そのきっかけは、真言宗の年分度者《ねんぶんどしゃ》の試験と得度をめぐってのことだった。空海入定の年に年分度者三名が認められ、当初は、試験も得度も高野山が行っていた。その決定権を握ることは、すなわち宗門運営のリーダーということだ。

仁寿《にんじゅ》三年（八五三）、真言宗の年分度者が六人に増員されたのを機に、試験は東寺で行い、得度は高野山と神護寺で三人ずつ行うことになる。これによって東寺は隆盛し高野山は一時衰退するが、実慧と真雅の弟子たちの覇権争いはさらに続いていく。

●空海の十大弟子

実慧《じちえ》 786〜847	讃岐国、佐伯氏の出身。元東大寺の僧。高野山の開創に尽力。空海に東寺を託され、東寺2世長者となる。東寺で伝法会を始め、教学の振興に尽くした
道雄《どうゆう》 ？〜851	讃岐国、佐伯氏の出身。元東大寺の僧で華厳宗第七祖といわれる。晩年に空海に師事。海印寺（京都府長岡京市。現在は支院の寂照院のみが残る）を創建
杲隣《ごうりん》 767〜？	元東大寺の僧。修禅寺（静岡県伊豆市。現在は曹洞宗）を創建
円明《えんみょう》 ？〜851	元東大寺の僧。838年に東大寺別当となる
泰範《たいはん》 778〜？	奈良の元興寺で出家、法相宗を学んだのち、最澄の弟子となる。最澄に従って空海から灌頂を受け、そのまま空海に師事。高野山の開創に尽力
忠延《ちゅうえん》 生没年不詳	東大寺で得度。神護寺の僧となる。一説には摂政の藤《ふじ》原良房《わらのよしふさ》の子ともいわれる
真雅《しんが》 801〜879	空海の実弟。9歳で高雄山寺に入る。清和天皇の誕生以来の護持僧（加持祈禱を行う僧）。甥の真然に灌頂を授ける。空海から東大寺真言院を継ぐ。東大寺別当。東寺4世長者
真済《しんぜい》 800〜860	儒教を学んでいたが823年、高雄山寺で空海に師事。空海の詩文を集めた『性霊集《しょうりょうしゅう》』を編集。空海に神護寺（高雄山寺）を託される。836年、真然と入唐を志すが台風のため断念。宮中真言院主管。東寺3世長者
智泉《ちせん》 789〜825	空海の甥。大安寺に入り、空海の入唐に従う。画才に優れ、高野山開創時、大塔の仏画を担当。空海の留守中に病死し、それを知った空海は号泣したという
真如《しんにょ》（法親王） 799?〜865?	高岳《たかおか》親王（平城天皇の皇子）。810年の薬子の変で皇太子の座を追われて出家後、空海に師事。861年に入唐し、インドを目指すもマレー半島で虎に襲われて没したといわれる

Q2

洛東を拠点とした「小野流」とは?

平安時代

源仁《げんにん》(八一八~八八七)は「空海の十大弟子」の一人実慧《じちえ》に学び、真雅《しんが》(同じく十大弟子)と宗叡《しゅうえい》(八〇九~八八四)の二人から灌頂《かんじょう》を受けた。宗叡は比叡山《ひえいざん》で円珍《えんちん》に学んだのち、実慧に師事。貞観《じょうがん》四年(八六二)に真如《しんによ》(同じく十大弟子)とともに入唐《にっとう》を経て東寺五世長者《ちょうじゃ》(長官)を務めた高僧である。源仁からは聖宝《しょうぼう》と益信《やくしん》の二人の名僧が出て、各々から、小野流、広沢流という真言密教の二大法流が成立する。

聖宝(八三二~九〇九)は、真雅から灌頂を受け、源仁のもとで修行した。貞観十六年(八七四)、都の東に醍醐寺《だいごじ》(京都市伏見《ふしみ》区)を創建し、醍醐・朱雀《すざく》・村上《むらかみ》と三代にわたる天皇の勅願寺となった。また、聖宝は山林修行者として知られ、醍醐寺三《さん》宝院《ぼういん》を本山とする修験道当山《しゅげんどうとうざん》派《は》の祖ともいわれている。

聖宝を師とする観賢《かんげん》(八五三~九二五)は、空海の大師号(弘法大師)下賜に尽力したことで知られる。東寺・高野山・醍醐寺の三山の長者や座主《ざす》を兼任した唯一の僧だ。また、密教を民衆に根づかせ、教団の発展に寄与している。

観賢の流れをくむ仁海《にんがい》（九五一～一〇四六）は祈雨《きう》の法力《ほうりき》に優れ、「雨僧正《あめそうじょう》」の異名をとったことで知られる。この仁海が醍醐寺近くの小野《おの》（京都市山科《やましな》区）の地に曼《まん》荼羅寺《だらじ》（のちの随心院《ずいしんいん》）を創建したことから「小野流」と呼ばれるようになった。

聖宝を派祖とする小野流は、仁海の愛弟子の成尊《せいぞん》（一〇一二～七四）を経て六門流に分かれる。成尊は後三条《ごさんじょう》天皇の即位を祈って愛染明王法《あいぜんみょうおうほう》を修し寵愛《ちょうあい》を得た。

● 小野流の系譜

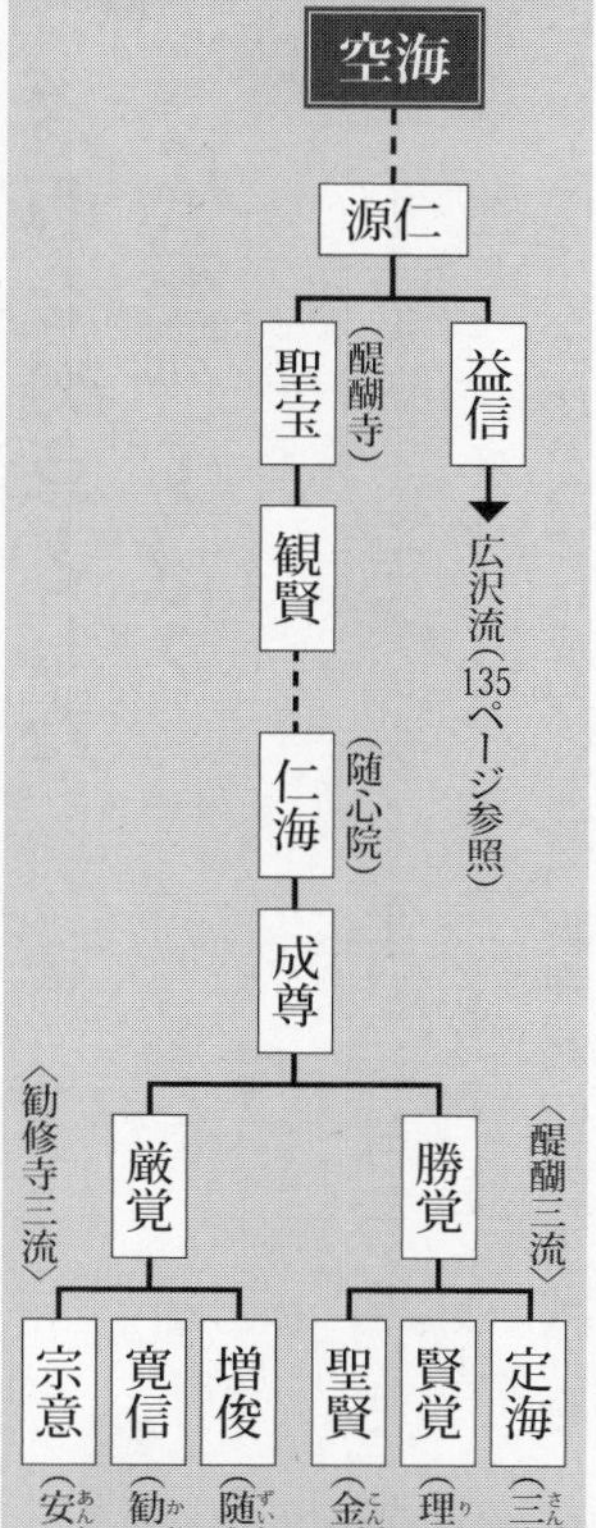

平安時代

Q3 洛西を拠点とした「広沢流」とは？

益信《やくしん》（八二七〜九〇六）は宗叡《しゅうえい》（132ページ参照）に入門し、源仁《げんにん》に灌頂《かんじょう》を受けた。小野流の祖・聖宝《しょうぼう》とは兄弟弟子である。益信は宇多《うだ》天皇（寛平法皇《かんぴょうほうおう》、八六七〜九三一）の帰依《きえ》を受け、得度の際には戒師となり、東寺で伝法灌頂を授けている。

宇多天皇は仁和《にんな》四年（八八八）、都の西に仁和寺《にんなじ》（京都市右京区）を創建した。譲位後得度して住したことから、仁和寺は「御室《おむろ》御所」と通称された。これがわが国最初の門跡《もんぜき》寺院（皇族・貴族が住職を務める寺院）であり、その後、真言宗を中心に多くの門跡寺院が建てられる。

益信の法流は、寛平法皇の正嫡・寛空《かんぐう》、皇孫・寛朝《かんちょう》に受け継がれた。そして寛朝が嵯峨《さが》の広沢池《ひろさわのいけ》のほとりに遍照寺《へんじょうじ》（京都市右京区）を創建し、教学研究の本拠としたことから「広沢流」と呼ばれるようになった。

広沢流は寛助《かんじょ》（一〇五七～一一二五）の時代に最盛期を迎え、弟子たちが六門流に分かれて発展した。その六門流の一人が、のちに新義真言宗の祖となる覚鑁《かくばん》である（次項参照）。

洛東《らくとう》の醍醐寺《だいごじ》を中心とする小野六流と、洛西《らくせい》の仁和寺を中心とする広沢六流、二つの門流をあわせて「野沢根本《やたくこんぽん》十二流」と呼ばれている。これらが、平安時代中期の真言宗の大きな潮流をつくった。

●広沢流の系譜

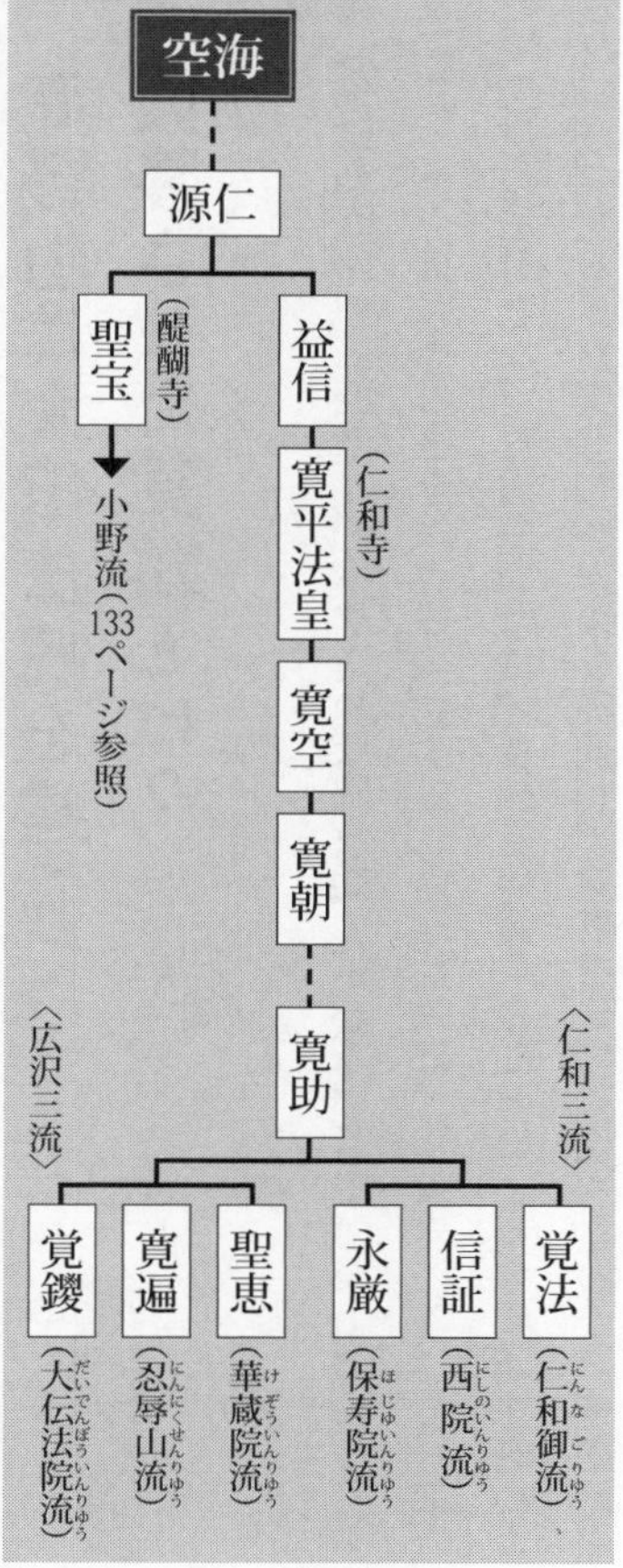

平安時代

Q4 高野山に大伝法院を建てて興隆させた覚鑁とは？

覚鑁《かくばん》（一〇九五〜一一四三）が生きたのは院政期と重なる。君主が余力のあるうちに退き、若い子や孫にその座を譲って後見するという院政は、仏教界にとって好都合だった。上皇や法皇となった君主たちは、仏教を保護することによって権威を高めようとしたからである。皇族たちは寺領を寄進し、堂塔を建て仏像を造った。その結果、大寺院は荘園《しょうえん》領主のようになり、仏教の世俗化が始まった時代でもある。

覚鑁は嘉保《かほう》二年（一〇九五）、肥前国藤津荘《ひぜんのくにふじつのしょう》（佐賀県鹿島《かしま》市に建つ誕生院の地）で生まれた。そこは都の仁和寺《にんなじ》成就院《じょうじゅいん》の荘園で、父はその土地の管理運営を任されていたと思われる。

十三歳で都に出て仁和寺の寛助《かんじょ》の弟子となり、一年後に奈良の興福寺《こうふくじ》に入って仏教の基礎教学である倶舎宗《くしゃしゅう》と法相宗《ほっそうしゅう》を学ぶ。仁和寺に戻って十六歳で得度。さらに奈良の東大寺で三論宗《さんろんしゅう》と華厳宗《けごんしゅう》を学んだ。寛助は覚鑁の才能を見込んで、空海の著書『十住心論《じゅうじゅうしんろん》』（86ページ参照）に則って学ばせたのだろう。覚鑁もそれに応《こた》えて研鑽《けんさん》を積み十八歳で仁和寺に戻り、本格的に真言密教の実践的な修行を始めた。

永久《えいきゅう》二年（一一一四）、二十歳になった覚鑁は修行の地を高野山に求めた。その頃の高野山はかつての隆盛は失われていた。覚鑁が高野山に入った頃は、師の寛助が東寺長者《とうじちょうじゃ》の金剛峯寺座主《こんごうぶじざす》を兼ねており、東寺の末寺のような状況だったようだ。覚鑁は高野山で壮絶な修行を続け、二十七歳までに寛助ほかから伝法灌頂《でんぽうかんじょう》を八度授かった。

それから覚鑁は、高野山の再興のために大伝法院《だいでんぽういん》の建立を目指した。覚鑁は、高野山が沈滞したのは伝法会《でんぽうえ》が行われなくなったことにあると考えた。伝法会とは、東寺を受け継いだ実慧《じちえ》が始めた、空海の真言密教の教義を教育・研鑽する法会である。高野山でも金剛峯寺二世座主の真然《しんぜん》が始めたが、いつしか行われなくなっていた。寛助が東寺と金剛峯寺で伝法会が長く中断していることを嘆いて、仁和寺で行ったこともある。それを目の当たりにしていた覚鑁は、高野山の再興は伝法会の復活にありと確信したのだろう。

覚鑁の名声はすでにひろまっていたので支援者は程なくして現れた。大治《だいじ》元年（一一二六）、紀伊国《きいのくに》の豪族・平為里《たいらのためさと》から私領の石手荘《いわでのしょう》（和歌山県岩出《いわで》市）を寄進され、鎮守《ちんじゅ》として神宮寺《じんぐうじ》を建立。さらに寛助が寵愛《ちょうあい》を受けていた鳥羽《とば》上皇からも援助を受けることができた。最強の後ろ盾ができた覚鑁は、高野山改革を断行する。

大治五年（一一三〇）に伝法院を建立、春秋二回の伝法会が行われた。この伝法会の復活により高野山は活気を取り戻し、さらに覚鑁は鳥羽上皇に大伝法院と修行道場として密厳院《みつごんいん》の建立を願い出て許された。長承《ちょうしょう》元年（一一三二）、上皇自ら落慶《らっけい》供養を行い、大伝法院を勅願寺とした。

また、覚鑁は上皇に「金剛峯寺座主は高野山在住の僧が務めるべきであり、金剛峯寺座主は大伝法院の座主を兼務し高野山全体を運営するべきだ」と進言。長承三年（一一三四）、四十歳になった覚鑁は大伝法院とあわせて金剛峯寺の座主となり、高野山は東寺の支配から独立を果たした。

ところが金剛峯寺を運営してきた保守派の僧たちは、高野山を意のままにする覚鑁のことをおもしろく思わなかった。彼らは、覚鑁が浄土信仰である念仏を取り入れた新たな真言密教を主張していること、さらに大伝法院と金剛峯寺の寺領問題もあって、覚鑁に対して武力行使におよぶようになった。

覚鑁は、彼らの不満の声を抑えるために座主の座を譲り、密厳院に引き籠もった。それでも混乱はおさまらず、武装した金剛峯寺の保守派が密厳院の覚鑁を襲撃。密厳院と大伝法院が焼き討ちされるにおよび、保延《ほうえん》六年（一一四〇）、覚鑁は大伝法院の学僧七百人を引き連れて弘田荘にあった豊福寺《ぶふくじ》に移る。そこに、学問所として円明《えんみょう》寺《じ》を開いた。

そして康治《こうじ》二年（一一四三）、覚鑁は円明寺で四十九年の生涯を終えた。この地がのちの根来寺《ねごろじ》となる（156ページ参照）。

新義真言宗大本山誕生院（佐賀県鹿島市）の興教《こうぎょう》大師《だいし》覚鑁上人坐像（写真提供・誕生院）

Q5

〝高野聖〟って何をする僧？

平安時代

平安時代後期、空海の入定《にゅうじょう》信仰（弘法大師《こうぼうだいし》信仰）が全国津々浦々にまでひろまったのは〝高野《こうや》聖《ひじり》〟の活動によるところが大きい。

その頃の高野山の僧侶には「学侶方《がくりょかた》」「行人方《ぎょうにんかた》」「聖方《ひじりかた》」の三つの階層があった。学侶方は、真言密教の教義を研究して法会《ほうえ》を執り行う、いわゆる学僧のこと。行人方は、密教修行を行うとともに、学侶方が法会を行う際に裏方として雑事を行う僧のこと。また、諸堂の堂守《どうもり》や、高野山に敵が攻めてきたときに武器を手にして戦う僧兵《そうへい》となったのも行人方である。

そして聖方（高野聖）の役割は、諸国を巡遊して浄財《じょうざい》を集めることだった。高野山は、二度の大火（九九四年と一一四九年）で多くの諸堂が焼失したからだ。階級としては、エリートである学侶方に、行人方と聖方が従うかたちだった。

諸国へ出向いた高野聖たちは、加持祈禱《かじきとう》を行ったり護摩《ごま》の灰《はい》を売ったりすることで浄財を集めたといわれる。その際、空海の入定伝説をはじめとするさまざまな仏教説話によって、高野山へ訪れることができない人々にも仏との結縁《けちえん》の機会をつくった。また、金品の布施を受けて故人の遺骨や遺髪、歯を預かり、高野山に納めることも行った。もとは荒廃した高野山を復興させるための勧進《かんじん》だったが、それだけにとどまらず、橋を架けたり井戸を掘ったり民衆の救済に尽力した聖もいたといわれる。

高野聖のそうした活躍の背景には、大師信仰と浄土信仰の融合があった。

治安《じあん》三年（一〇二三）、栄華を極めた摂関家《せっかんけ》の藤原道長《ふじわらのみちなが》の参詣が高野山復興の大きなきっかけになった。道長が仏に会うためにインドへ行きたいというと、その頃、東寺《とうじ》二の長者《ちょうじゃ》を務めていた仁海《にんがい》が高野山へ行けば生身《しょうじん》の仏に会えるといったのである。道長は高野山へ参詣したのち、荘園を寄進した。すると高野山を霊場として皇族や貴族たちが参詣し、納骨や建墓を行うようになった。

また、念仏によって阿弥陀如来《あみだにょらい》の浄土へ往生できるという浄土信仰を覚鑁《かくばん》が取り入れ、「空海が即身成仏《そくしんじょうぶつ》した高野山はそのまま浄土である」という教えが生まれた。

Q6

歌僧・西行は高野聖だった？

平安時代

高野聖《こうやひじり》は名もない僧がほとんどである。戦《いくさ》に敗れた武士や飢饉《ききん》などによって生活が立ち行かなくなった人が高野山にのぼって聖方《ひじりかた》となることも多かった。その中には知識人たちもいた。その一人が西行《さいぎょう》（一一一八〜九〇）だ。

西行は生涯で約二千首の歌を詠《よ》み、『新古今集《しんこきんしゅう》』には九十四首が選ばれており入選数一位、『山家集《さんかしゅう》』『聞書集《ききがきしゅう》』などの歌集を残した歌僧である。俗名《ぞくみょう》を佐藤義清《のりきよ》といい、奥州藤原氏の家系につながる裕福な都の武士の家に生まれた。十七歳で家を継いで、二十歳で鳥羽《とば》上皇の北面武士《ほくめんのぶし》として仕えた。北面武士とは寺社の強訴《ごうそ》に対抗するために置かれた上皇の護衛部隊で、官位を持ち御所の北面に詰めていた。西行は武勇に優れるとともに歌を能《よ》くし、北面武士の中でもとくに秀でていた。

ところが二十三歳で妻子を捨てて突然出家する。西行と名のり、鞍馬山《くらまやま》や嵯峨《さが》の小《お》倉山《ぐらやま》、奈良の吉野山などに庵《いおり》を結んで修行生活を送った。また、久安《きゅうあん》三年（一一四七）頃には、半僧半俗の歌人として知られる能因《のういん》（九八八〜一〇五〇？）の歌枕《うたまくら》（歌に詠まれた名所）を訪ねる旅に出て、奥州藤原氏の本拠地である平泉《ひらいずみ》を訪れた。平泉から戻った西行は高野山に庵を結び、山林修行をし、歌を詠んだ。また、火災で被害を受けた高野山の勧進のため各地を巡遊してもいる。

文治《ぶんじ》二年（一一八六）、六十九歳になった西行は、源平の争乱によって壊滅的な被害を被った東大寺の再建を託されていた重源《ちょうげん》（一一二一〜一二〇六）に依頼されて、約四十年ぶりに平泉を訪れる。奥州の藤原秀衡《ふじわらのひでひら》（？〜一一八七）に大仏をメッキするための砂金を援助してもらうためである。七十歳にもなろうとする西行の東北巡遊は途方もないことだったにちがいない。旅の途中、鎌倉では源頼朝《みなもとのよりとも》に面会し、歌道や流鏑馬《やぶさめ》の話をしたといわれる。現在も続く鎌倉まつりの流鏑馬奉納は、西行が頼朝に流鏑馬のコツを教えたことから始まったと伝わる。

西行は、文治六年（一一九〇）二月十六日、最後に庵を結んだ河内国《かわちのくに》の弘川寺《ひろかわでら》（大阪府河南町《かなんちょう》）にて七十三歳で没した。

平安時代

Q7 守覚法親王が仁和寺に空海の経典ノートを移した⁉

「北院御室《きたいんおむろ》」と呼ばれた守覚法親王《しゆかくほつしんのう》（一一五〇〜一二〇二）は、広沢流の中心である仁和寺《にんなじ》六世門跡である。平安時代末期、武家の力を利用して朝廷を牛耳り、武家政権との共存を目指した後白河《ごしらかわ》法皇（一一二七〜九二）の第二皇子といわれる。

永暦《えいりやく》元年（一一六〇）、叔父にあたる仁和寺五世の覚性《かくしよう》入道《にゆうどう》親王（鳥羽《とば》天皇の第五皇子）に師事して出家。仁安《にんあん》三年（一一六八）に覚性から伝法灌頂《でんぽうかんじよう》を受けてその翌年、覚性の没後に跡を継いで仁和寺六世となった。

師の覚性は加持祈禱《かじきとう》の修法《しゆほう》に聞こえた僧だったが、守覚もそれを継いでいる。弟の高倉《たかくら》天皇の第一皇子・言仁《ときひと》親王（のちの安徳《あんとく》天皇）誕生の際には安産祈願に孔雀経《くじやくきよう》法《ほう》を修し、平氏や源氏の依頼を受けてさまざまな加持祈禱の導師を務めた。

守覚は広沢流だけにとどまらず小野流の醍醐《だいご》寺にも学び、両流の修法を受け、真言密教の頂点を極めた。また、真言宗の多くの法流の教えを整理研究するなど、のちの宗学研究に大きな役割を果たした。また、歌を能《よ》くし、私家集『守覚法親王集』（北院御室御集）を編んでいる。研究熱心なあまり守覚には、こんなエピソードがある。

現在、仁和寺には、空海が入唐《にっとう》時に書写やメモをした真言密教の経典ノートである『三十帖冊子《さんじゆうじようさっし》』（国宝）が所蔵されている。これは、もとは東寺に納められていたのを、守覚が権力を利用して持ち去ったといわれている。

宗門の至宝である『三十帖冊子』の持ち去り事件はじつは二度目である。貞観《じようがん》十八年（八七六）、高野山の真然《しんぜん》が、東寺経蔵を任されていた師の真雅《しんが》から借り受け、そのときはすぐに返納したが、三年後に真雅が没すると、都は兵火が多く危険だという理由をつけて高野山へ持ち帰ったのだ。東寺の返納要求も無視してそのまま高野山に所蔵されていたが、延喜《えんぎ》十五年（九一五）に東寺長者だった観賢《かんげん》が寛平法皇《かんぴようほうおう》に働きかけて三年後にようやく四十年ぶりに東寺へ戻された。そして翌年、醍醐《だいご》天皇（寛平法皇の第一皇子）が門外不出の禁を出して『三十帖冊子』をめぐる問題に終止符を打った。ところが約二百七十年経《た》って、再び守覚が東寺から持ち去ったのである。

Q8 源頼朝の挙兵を促した文覚とは？

平安〜鎌倉時代

文覚《もんがく》（一一三九？〜一二〇三？）は実在の人物ではあるが、あまりにも伝説が多い〝怪僧〟である。俗名《ぞくみよう》を遠藤盛遠《えんどうもりとお》といい、北面武士《ほくめんのぶし》として鳥羽《とば》天皇の第二皇女・上西門院《じようさいもんいん》に仕えていた。血気盛んな男だったという。

十九歳のときに出家。『平家物語』の異本には、不倫により殺人事件を起こしたことがその理由だったとある。そのエピソードを紹介しよう。

文覚は同僚である北面武士・渡辺渡《わたなべわたる》の妻、袈裟御前《けさごぜん》に一目惚《ひとめぼ》れした。文覚は強引に関係を迫る。拒みつづける袈裟御前だが、粗暴な文覚のことだから拒みきれないと、一計を案じた。「夫を殺したのちに一緒になりましょう」と文覚と秘密の約束をかわしたのである。ある日の深夜、一人床に就いているという渡辺渡を襲うと、文覚の刺し殺した相手は袈裟御前だった。彼女は、このままでは夫が殺されると思い、どうしても逃れられないなら、夫ではなく自分が殺されようと文覚を謀《はか》ったのだ。

これをきっかけに出家した文覚は、各地で壮絶な修行をして「飛ぶ鳥を落とす」「海上の波風を一喝《いっかつ》で鎮《しず》める」といわれるほどの法力《ほうりき》を身につけたという。

文覚は三十歳頃、荒廃していた神護寺《じんごじ》の再興を志す。承安《じょうあん》三年（一一七三）に後《ご》白河《しらかわ》法皇の法住寺殿《ほうじゅうじどの》（御所）に赴《おもむ》き、多大な寄進を訴え、捕らえられて入牢《じゅろう》する。そこで法力を使ったことから、法皇の怒りにふれて伊豆《いず》流刑となる。

そして伊豆で、源頼朝《みなもとのよりとも》（一一四七〜九九）と出会うのである。頼朝に、父・義《よし》朝《とも》の髑髏《どくろ》を見せ、闘争心に火をつけて挙兵を促したという説話は有名だ。

治承《じしょう》二年（一一七八）、のちの安徳《あんとく》天皇誕生にともなう恩赦によって、文覚は赦免された。ついに後白河法皇から援助を得て、頼朝からも荘園の寄進を受け、神護寺を見事に復興させた。同時に東寺の復興、高野山の大塔の復興にも携わった。

頼朝の帰依《きえ》を受けた文覚は、鎌倉幕府が成立すると絶頂期を迎える。江《え》の島弁財天《しまべんざいてん》を勧請《かんじょう》したのも文覚だといわれる。しかし後白河法皇と頼朝の没後は、後鳥羽《ごとば》上皇に睨《にら》まれ、佐渡《さど》や対馬《つしま》に流されて不遇の死を遂げたとされる。

Q9 俊芿が再興した御寺・泉涌寺とは？

平安〜鎌倉時代

歴代の天皇が帰依《きえ》したことから「御寺《みてら》」と通称されるのが、泉涌寺《せんにゅうじ》（京都市東山区）である。寺史によると、空海が晩年この地に草庵《そうあん》を結び、法輪寺《ほうりんじ》と名づけたのに始まる。その後、仙遊寺《せんゆうじ》と改称。さらに建保《けんぽう》六年（一二一八）に俊芿《しゅんじょう》（一一六六〜一二二七）が入寺して再興、泉涌寺とした。寺名は伽藍《がらん》造営中に境内の一角から泉が涌き出たことに由来し、この泉はかれることなく今も涌きつづけている。

俊芿は仁安《にんあん》元年（一一六六）、肥後国《ひごのくに》飽田《あきた》郡《ごおり》味子荘《あじこのしょう》（熊本市あたり）で生まれたらしいが、明らかではない。幼い頃に天台宗寺院に預けられ、仏教に慣れ親しんでいたこともあり、十歳のときには『法華経《ほけきょう》』を読んでいたという。その後、十八歳で出家、十九歳で観世音寺《かんぜおんじ》（福岡県太宰府《だざいふ》市）で具足戒《ぐそくかい》を受けて官僧となった。二十七歳で高野山や比叡山《ひえいざん》などで修行するが、戒律を軽視する当時の仏教界を嘆き、肥後に

御寺・泉涌寺の月輪陵《つきのわのみささぎ》（京都市）。鎌倉時代の四条天皇に始まり、江戸時代の仁孝天皇までの25陵墓が納められている。俊芿は月輪《がちりん》大師と呼ばれた（写真・フォトライブラリー）

帰って小岱山《しょうだいさん》（熊本県荒尾市付近）に正法寺《しょうぼうじ》を創建する。
三十四歳になった俊芿は戒律を学ぶために宋《そう》に渡る。宋では天台山《てんだいさん》、径山《きんざん》、四明山《しめいざん》など各地で、戒律だけでなく天台（法華経）、真言（密教）、禅などを十二年間にわたって学んだ。帰国した建暦《けんりやく》元年（一二一一）には四十六歳になっていた。

俊芿は、日本に宋風伽藍の大寺院を建立し、そこで宋風の作法による修行を再現しようという目標を掲げる。そんなときに、鎌倉幕府の御家人で北九州に勢力を伸ばしていた宇都宮信房《うつのみやのぶふさ》から寄進されたのが荒廃していた仙遊寺だった。

その後、泉涌寺は律宗を基本に、真言・天台・禅・浄土の四宗兼学の道場として発展した。そして、鎌倉時代から江戸時代まで皇室の葬儀の多くが泉涌寺で営まれ、とりわけ江戸時代のすべての天皇・皇后の御《ご》陵《りょう》が山内に造営されている。

Q10

遁世僧・高山寺の明恵とは？

鎌倉時代

まずは明恵《みようえ》（一一七三〜一二三二）の名言を紹介しよう。

「人は阿留辺幾夜宇和《あるべきようわ》という七文字を持つべきものなり」

意味は「人は、それぞれの立場や状況における理想の姿〝あるべきよう〟とは何かを、自分自身に常に問いかけながら生きていくべきである」ということである。

この言葉に続いて「僧は僧のあるべきよう、俗人は俗人のあるべきよう、王は王のあるべきよう、臣下は臣下のあるべきようである。このあるべきように背くから、うまくいかないのだ」と明恵は語っている。

この名言で知られる明恵は鎌倉時代前期に活躍した僧である。紀伊国石垣荘《きいのくにいしがきのしよう》（和歌山県有田川町《ありだがわちよう》）の武士の家に生まれた明恵は、八歳で両親を亡くし、九歳で叔父の上覚《じようがく》に引き取られて神護寺《じんごじ》に入る。上覚は、神護寺を復興した〝怪僧〟文覚《もんがく》（146

ページ参照）の弟子と伝わる。明恵は十六歳で得度し、真言密教と華厳宗《けごんしゆう》を学び、小野流の勧修寺《かじゆうじ》（京都市山科《やましな》区）で寛信《かんしん》に学んだ興然《こうねん》から灌頂《かんじよう》を受けた。それから東大寺戒壇院《かいだんいん》で具足戒《ぐそくかい》を受け、倶舎宗《くしやしゆう》も学んだ。

将来を嘱望《しよくぼう》されていた明恵だが、二十三歳のときに突如、紀州の白上峰《しらかみのみね》に入り、華厳経典の修学と密教修行に没頭する。また、明恵は釈迦《しやか》への篤《あつ》い憧《あこが》れがありインド巡礼を計画し、隠遁《いんとん》中に旅の行程表である『大唐天竺里程記《だいとうてんじくりていき》』をつくったが、春日《かすが》明神《みようじん》（奈良の春日大社）の神託によってこれを断念したというエピソードもある。

建永《けんえい》元年（一二〇六）、後鳥羽《ごとば》上皇から神護寺の別院のあった栂尾《とがのお》の地を寄進され、高山寺《こうざんじ》（京都市右京区）を開山。明恵はここで、真言密教と華厳宗を融合した「厳密《ごんみつ》（華厳密教《けごんみつきよう》）」の研究に明け暮れる。

また、戒律を重んじることこそ本来の仏教であるとして戒律の復興を訴えた。その頃大流行していた他力念仏《たりきねんぶつ》（念仏によって浄土往生できるという思想）をすすめる法《ほう》然《ねん》（浄土宗の開祖）に対し、『摧邪輪《ざいじやりん》』を著して反論したのも、菩提心《ぼだいしん》（さとりを求める心）を否定していると批判してのことである。

鎌倉時代

Q11 戒律を復興させた叡尊って、どんな僧？

鎌倉時代の新仏教（浄土宗・浄土真宗・臨済宗《りんざいしゅう》・曹洞宗《そうとうしゅう》・日蓮宗《にちれんしゅう》など）は、念仏、禅、題目のいずれか一つを行えばさとりに至れると説くことで民衆の支持を得た。

それに対して奈良仏教や平安仏教の僧たちは、彼らは僧侶としての最低条件である戒律までもなし崩しにしていると批判し、戒律を見直そうと訴えるムードが盛り上がった。そのきっかけをつくったのが前述の俊芿《しゅんじょう》であり、明恵《みょうえ》である。

そして、「戒律なくして成仏なし」という立場を鮮明にし戒律復興を旗頭に、真言《しんごん》律宗《りつしゅう》（62ページ参照）を興したのが叡尊《えいそん》（一二〇一～九〇）である。

叡尊は大和国《やまとのくに》添上郡《そうのかみごおり》箕田里《みたのさと》（奈良県大和郡山市《やまとこおりやま》）に生まれ、父は興福寺《こうふくじ》の学僧とされる。十七歳のとき醍醐寺《だいごじ》で出家、東大寺戒壇院《かいだんいん》で具足戒《ぐそくかい》を受けて官僧になった。

さらに醍醐寺、高野山で学んで真言密教を修めた。

しかし叡尊は、官僧であっても戒律を守っていないことに疑問を持っていた。釈迦《しやか》と同じ具足戒を受けたのだから、仏弟子《ぶつでし》として他者救済に努めることを仏前で誓ったはずである。その矛盾を感じた叡尊は官僧の座を捨てる。

文暦《ぶんりやく》二年（一二三五）、三十五歳で奈良の西大寺《さいだいじ》に入った叡尊は、「興法利生《こうぼうりしよう》」をスローガンに、釈迦が定めた具足戒の護持を訴えた。ちなみに具足戒は比丘《びく》（僧）が二百五十戒、比丘尼《びくに》（尼僧）は三百四十八戒ある。叡尊の戒律復興運動は、朝廷や幕府といった支配者層にも一目置かれることになる。二百五十もの戒律を守って修行を続ける僧侶の法力《ほうりき》は、ずば抜けているだろうと信頼が高まっていたのである。

文永《ぶんえい》十一年（一二七四）と弘安《こうあん》四年（一二八一）の二度にわたる蒙古《もうこ》襲来のとき、叡尊は勅願によって伊勢《いせ》神宮に天下泰平のために大蔵経《だいぞうきよう》を奉納し、石清水八幡宮《いわしみずはちまんぐう》（京都府八幡《やわた》市）で異国退散の加持祈禱《かじきとう》を行っている。これにより神風が吹いて蒙古軍が退散したという伝説が残っている。

叡尊はまた、貧者や当時不治の病とされていたハンセン病患者の救済など、今日でいう社会福祉事業にも力を尽くした。

Q12

弱者救済に尽力した極楽寺の忍性って、どんな僧？

鎌倉時代

叡尊《えいそん》とともに真言律宗を守り立てたのが高弟の忍性《にんしょう》（一二一七〜一三〇三）である。二度目の蒙古《もうこ》襲来時（一二八一）には、幕府の命《めい》により鎌倉で加持祈禱《かじきとう》を行っている。

忍性は大伴《おおとも》氏の末裔《まつえい》の伴氏《ともうじ》で、大和国城下郡屏風里《やまとのくにしきのしものこおりびょうぶのさと》（奈良県三宅町《みやけちょう》）で生まれた。貞永《じょうえい》元年（一二三二）、母の死をきっかけに十六歳で額安寺《かくあんじ》（奈良県大和郡《やまとこおり》山《やま》市）で出家し、翌年には東大寺戒壇院《かいだんいん》で受戒している。

仁治《にんじ》元年（一二四〇）、西大寺の叡尊の弟子となり戒律を学ぶ。忍性は、誰もが仏《ぶっ》性《しょう》を持っているとして弱者の救済活動に心血を注ぐ叡尊の影響を強く受けた。

寛元《かんげん》元年（一二四三）、般若寺《はんにゃじ》（奈良市）を拠点に救済活動をしていた忍性は、その近くに北山十八間戸《きたやまじゅうはっけんこ》を建設してハンセン病などの重病者を収容し、彼らに衣食住を提供した。

その後、忍性は布教活動の地を関東に移す。当初は常陸国《ひたちのくに》（茨城県北東部）の三村《みむら》寺《じ》を拠点としながら活動の場を広げ、文永四年（一二六七）には北条《ほうじょう》氏の帰依《きえ》を受けて極楽寺《ごくらくじ》（神奈川県鎌倉市）開山として迎えられた。

幕府の後ろ盾を得た忍性は、極楽寺で慈善・救済の大事業を行った。境内には施薬《せやく》院《いん》、悲田院《ひでんいん》、療病舎《りょうびょうしゃ》、薬湯寮《やくとうりょう》などの医療福祉施設が並び、多数の病人や貧者、孤児などを収容した。最盛期には七堂伽藍《しちどうがらん》をそなえ、境内に大小四十九の支院があったという。忍性が病人や貧しい人に抹茶を施したという千服茶臼《せんぷくちゃうす》や、薬草をすりつぶした製薬鉢が今も残っている。そして、飢饉《ききん》が起きたときには各地へ出向き、人々に粥《かゆ》を施したといわれる。また、忍性の救済の目は牛や馬など使役動物にも向けられた。極楽寺の近くに馬病舎《ばびょうしゃ》を建てて牛や馬の療養を行っている。

さらに、仏教を伝えながら、各地で道路建設や橋の架設、港湾の整備、そして尼寺建立のバックアップなど社会救済事業を積極的に行った。

忍性らの優れた法力《ほうりき》、そして実際に行動で示す弱者救済によって人々の心をつかみ、真言律宗の信者は十万人を超えて鎌倉時代屈指の仏教勢力になった。

Q13

高野山から根来寺に拠点を移した頼瑜とは？

鎌倉時代

鎌倉時代中期から後期にかけて、覚鑁《かくばん》の再来を思わせるように登場したのが頼瑜《らいゆ》（一二二六～一三〇四）である。

平安時代末期に話を戻そう。金剛峯寺《こんごうぶじ》の勢力に高野山を追われた覚鑁と七百人におよぶ大伝法院《だいでんぽういん》の学僧たちは、根来《ねごろ》の円明寺《えんみょうじ》（139ページ参照）を学問所として活動していた。ところが、根来に移って三年後の康治二年（一一四三）に覚鑁が没すると、高野山への帰山を許され、彼らは高野山に戻る。

それからまもなく高野山に大伝法院と密厳院《みつごんいん》が再建された。大伝法院には教学研究を志す学僧が集まり、再び活況を呈した。しかし、覚鑁時代からの寺領問題もあり、金剛峯寺と大伝法院との確執は鎌倉時代に入ってからも続いていた。

紀伊国《きいのくに》那賀《なか》郡《ごおり》（和歌山県岩出《いわで》市）の名家に生まれた頼瑜は、高野山、仁和寺《にんなじ》そして醍醐寺《だいごじ》などで密教を学び、東大寺や興福寺《こうふくじ》で三論宗《さんろんしゅう》、法相宗《ほっそうしゅう》、華厳宗《けごんしゅう》なども学んだ。覚鑁も仁和寺に入寺したのち東大寺などで顕密兼修《けんみつけんしゅ》を経て、高野山にのぼっている。

そして頼瑜は、覚鑁の思想を継いだ真言密教の教学体系の確立に取り組む。大伝法院に入って研鑽《けんさん》を積み、文永《ぶんえい》三年（一二六六）、四十一歳で大伝法院学頭（教学の統括者）となり、伝法会《でんぽうえ》を取り仕切った。それから約二十年にわたって教学研究を続け、『即身義愚草《そくしんぎぐそう》』『十住心論愚草《じゅうじゅうしんろんぐそう》』『菩提心論愚草《ぼだいしんろんぐそう》』など真言宗における重要典籍の注釈書を著している。また、五十五歳のときには自身の門流である中性院流《ちゅうしょういんりゅう》を開いた。これは自坊の中性院にちなんで名づけられた。大伝法院の教学研究の第一人者として実績を積み上げる頼瑜だったが、金剛峯寺勢力との間に起こった寺領問題の再燃は鎮《しず》めることができなかった。

正応《しょうおう》元年（一二八八）、六十三歳になる頼瑜は大勢の学僧を引き連れて高野山をおり、大伝法院と密厳院を、自身の出身地でもあり、覚鑁最期の地である根来に移す。

このように頼瑜は、覚鑁と同様の遍歴をたどったのである。こうして、高野山を中心とする古義《こぎ》真言宗と、根来寺を中心とする新義《しんぎ》真言宗という大きな流れができた。

Q14 〝東寺三宝〟といわれたのは、どんな僧？

鎌倉〜室町時代

東寺の北大門を出て右側に、観智院《かんちいん》がある。ここは南北朝時代から室町時代に活躍した学僧・杲宝《ごうほう》（一三〇六〜六二）が創建し、弟子の賢宝《けんぽう》（一三三三〜九八）が本尊の五大虚空蔵菩薩《ごだいこくうぞうぼさつ》を安置した東寺の支院である。

観智院は、彼らが日夜、教学研鑽《けんさん》に励んだ東寺教学の研究室だった。杲宝、賢宝らが集めた経典類は一万五千点以上におよび、真言宗の貴重な文化遺産となっている。また、客殿は桃山時代のもので国宝に指定されている。

東寺の真言教学大成の先鞭《せんべん》をつけたのは、杲宝の師・頼宝《らいほう》（一二七九〜一三三〇）である。頼宝はまとまった伝記がないが、鎌倉時代末期の正和《しょうわ》四年（一三一五）に東寺の学頭となり、『真言名目《しんごんみょうもく》』『真言本母集《しんごんほんぼしゅう》』『大日経疏抄《だいにちきょうしょしょう》』など、その後の宗門教学の礎となる著作がある。また、後醍醐《ごだいご》天皇の帰依《きえ》を受け、天皇に真言密教を講義したと伝わる。

さて、杲宝は高野山で学んだのち、東寺宝菩提院《ほうぼだいいん》に住していた頼宝に師事、さらに槇尾山寺《まきのおさんじ》の浄宝《じょうほう》、勧修寺《かじゅうじ》慈尊院《じそんいん》の栄海《ようかい》といった当時名の知られた学僧に学び研鑽を積んだ。そして東寺勧学会《かんがくえ》で学頭を務めるなど、杲宝の名は広く知れわたった。特筆すべきは、『大日経疏演奥鈔《だいにちきょうしょえんおうしょう》』『心経秘鍵聞書《しんぎょうひけんききがき》』『即身義東聞記《そくしんぎとうもんき》』など、重要な密教経典や空海の著作の大部分の注釈書を著している点である。

賢宝は、杲宝の跡を継いだ観智院二世である。賢宝の実績は、頼宝と杲宝が未完に終わった『大日経疏演奥鈔』を四十三年間かかって完成させたことにある。このほかにも、東寺の沿革を説いた杲宝の著書『宝冊鈔《ほうさつしょう》』を継承し加筆したのをはじめ、生涯に百冊以上の著書を残している。

東寺教学を大成した頼宝・杲宝・賢宝は〝東寺三宝《さんぼう》〟と呼ばれた。このような教学発展を成しえたのは三人の学識の広さはもちろんだが、後宇多《ごうだ》法皇と後醍醐天皇の帰依が大きく影響している。宝菩提院や観智院の建立、勧学会への支援など、皇室の援助があったからこそ実現できたといえるだろう。

鎌倉～室町時代

Q15 高野山の教学を復興させた宥快とは？

鎌倉時代後期から南北朝・室町時代にかけては、真言宗教学の復興がなされた時期である。前述の叡尊《えいそん》や忍性《にんしょう》のように戒律を復興させようとする運動も起こった。根来寺《ねごろじ》では頼瑜《らいゆ》が覚鑁《かくばん》の浄土信仰と真言密教を融合した教義を大成し、東寺では頼《らい》宝《ほう》・杲宝《ごうほう》・賢宝《けんぽう》の〝東寺三宝《さんぽう》〟が現れて東寺教学を復興させた。

そして、高野山の教学復興を担ったのは、宥快《ゆうかい》（一三四五～一四一六）である。彼は、浄土信仰など他の仏教思想が混入しない純粋な真言密教への原点回帰を旗印として高野山教学を集大成した。

宥快は京都に生まれ、藤原氏の末裔《まつえい》とされる。十九歳で高野山にのぼり、宝性院《ほうしょういん》の信弘《しんこう》のもとで事教二相《じきょうにそう》と悉曇学《しったんがく》を学んだ。

事教二相とは、儀式作法に関する実修（事相）と、教義に関する理論研究（教相）

のこと。真言密教では「事教二相は車の両輪」といい、両面が相まって教学体系が成り立つとしている。こうした修学方法は、現代まで続いている。

悉曇学とは、真言や陀羅尼《だらに》を理解するために梵語《ぼんご》を学ぶことであり、いうまでもなく密教にとって母語のようなものである。

師の信弘が没した応安《おうあん》七年（一三七四）、宥快は跡を継いで宝性院門主となり、教学振興に努めた。ちなみに、宝性院は現在の高野山大師教会あたりにあったとされる。

応永《おうえい》十四年（一四〇七）には、山王院竪精義大会《さんのういんりっせいぎたいえ》の精義（指導者）を務めている。この法会は、一晩かけて教学における問答を繰り広げるものである。現在も「山王院竪精」と呼ばれ、高野山の学道に関する最も重要な行事として続いている。

また、宥快は『宝鏡鈔《ほうきょうしょう》』を著して、当時「即身成仏の奥義は女犯《にょぼん》と肉食《にくじき》にあり」とうたい一部の人々から支持を得ていた立川流《たちかわりゅう》を批判している。

さらに、真言念仏をとなえて全国を遊行《ゆぎょう》する高野聖《こうやひじり》に対しても批判的で、空海以来の真言教学の復興に尽くした。『大日経口之疏鈔《だいにちきょうくちのしょしょう》』八十五巻、『宗義決択宗《しゅうぎけっちゃくしゅう》』二十巻など多数の教学書を著している。

Q16 信長と秀吉の仏教弾圧で高野山と根来寺はどうなったのか？

室町・戦国時代

戦国時代、根来寺《ねごろじ》といえば、鉄砲で武装した僧兵集団「根来衆《ねごろしゅう》」を擁したことで知られている。高野山でも大規模な僧兵集団を擁し、「高野衆《こうやしゅう》」と呼ばれた。

僧兵の歴史は古く、平安時代末期に比叡山延暦寺《ひえいざんえんりゃくじ》で組織されたのが始まりとされる。戦国時代を迎える頃には寺社の勢力は巨大化し、戦国大名たちにとって脅威の存在となっていた。戦国大名たちは、荘園によって権力を持っていた公家や寺社の領地を奪うことで弱体化を図ろうとし、争いは避けられない状況になっていた。

元亀《げんき》二年（一五七一）、織田信長（一五三四〜八二）は、前年の姉川《あねがわ》の戦いで浅《あざ》井《い》・朝倉《あさくら》両氏を支援して反抗した比叡山を焼き討ちにした。また、伊勢《いせ》や越後《えちご》の一向《いっこう》一揆《いっき》勢と戦いながら、奈良の興福寺《こうふくじ》を攻めた。そして天正《てんしょう》八年（一五八〇）、大坂《おおさか》石山本願寺との十一年におよぶ石山合戦を制した。

信長の仏教弾圧の目が高野山に向けられたのは、天正九年（一五八一）だった。三月、信長に謀反した荒木村重《あらきむらしげ》の残党五人が高野山に逃げ込んだ。七月、それを知った信長が引き渡しを要求するも、高野山はそれを拒否した。八月、信長側の足軽三十二人が高野山内で残党狩りを行うと、高野山衆徒は足軽全員を殺害。十月、信長はその報復として、諸国を巡遊する高野聖《こうやひじり》数百人（人数は諸説ある）を捕らえ、殺害した。さらに数万の兵で高野山を包囲するも、翌年六月の本能寺の変で信長が敗死したため、高野山攻めは一時休止となった。

信長の後を継いだ羽柴《はしば》（豊臣）秀吉（一五三七〜九八）は、根来寺の制圧から始めた。当時の根来寺は寺領七十二万石と、有力戦国大名に肩を並べるほどの勢力を誇っていた。「根来衆」と呼ばれる大量の鉄砲を装備した一万人の僧兵集団は、信長にも脅威だった。信長は根来寺とは友好を保っていたが、秀吉は許さなかった。

天正十三年（一五八五）三月、秀吉は根来寺の軍勢が他の戦《いくさ》で手薄になっているところを見計らって一気に攻めた。根来寺はわずか数日で大塔と大師堂を残して大部分が焼失した。

Q17 高野山を救った僧・応其は、どうして秀吉の信頼を得たのか？

室町・戦国時代

天正《てんしょう》十三年（一五八五）、根来寺《ねごろじ》を鎮圧した秀吉は、次に狙う高野山に対して全寺領の没収を通告した。高野山がそれに帰順しないようなら、比叡山《ひえいざん》や根来寺と同様の目に遭うということである。このとき、高野山側の代表として秀吉と交渉したのが、木食応其《もくじきおうご》（一五三六〜一六〇八）だ。応其は近江国《おうみのくに》（滋賀県）の生まれで、三十八歳で高野山にのぼる以前は武士だったと伝わる。入山のおり、十穀を絶つ木食行《もくじきぎょう》を行うことを発願したことから「木食」と呼ばれたようだ。

交渉の席で応其は秀吉に好感を持たれ、寺領の没収は反故《ほご》となり、逆に秀吉の帰依《きえ》を受けて、金堂や大塔再建の資金を寄進されるのである。まさしく、応其は高野山を救った僧である。なぜ、応其は秀吉の信頼を得ることができたのか――。

秀吉は根来寺攻めの前に、応其を根来寺に派遣して帰順をすすめさせた、という話もある。そうすると、秀吉と応其は旧知であったということだが定かではない。

応其は連歌《れんが》の名手だった。連歌とは数人で交互に歌を詠《よ》み連ねていくもので、当時、武家や公家の間で茶道《ちゃどう》と並ぶ人気の趣味だった。戦勝を祈って詠むこともあったという。教養のない秀吉にとって、応其はよき師だったのではないだろうか。

秀吉は高野山の重鎮たちの前で、「高野山を引き立てるのは応其ただ一人がいるからである。高野山の応其と思ってはならぬ。応其の高野山と心得よ」と訓じたというエピソードもある。

木食応其上人像（高野山・蓮華定院《れんげじょういん》蔵）。応其は関ヶ原の戦い後、近江国飯道山《はんどうざん》（滋賀県甲賀《こうか》市）に退いて没した

文禄《ぶんろく》三年（一五九四）、秀吉は亡き母大政所《おおまんどころ》の三回忌法要を高野山で盛大に執り行った。このとき秀吉が建て母の遺髪を納めた寺院が、のちに応其の自坊となって青巌寺《せいがんじ》と呼ばれた。青巌寺とその隣の客僧坊が、現在の総本山金剛峯寺《こんごうぶじ》の前身である。

Q18 家康はなぜ、新義真言宗を優遇したのか？

戦国～江戸時代

慶長《けいちょう》五年（一六〇〇）、関ヶ原の戦いで豊臣方の石田三成《いしだみつなり》に勝利した徳川家康（一五四三～一六一六）は、すぐさま全国統一政策に着手した。支配者が替わるということは、宗教勢力図も大きく変わることを意味する。

江戸幕府の宗教政策に関しては次項で述べるが、ここでは、室町・戦国時代から安土桃山時代に政治に翻弄《ほんろう》された真言宗が、どのように立ち直ったのかを見てみることにしよう。

政権を掌握した家康は、秀吉によって壊滅的な被害を被った根来寺《ねごろじ》の学僧の保護に乗り出した。これには二つの理由が考えられる。一つは、根来寺勢力の分散である。

根来寺焼き討ちから三年後の天正《てんしょう》十六年（一五八八）、秀吉の弟で大和国の領主となった秀長が、戦火を逃れて高野山などを転々としていた根来寺学頭の専誉《せんよ》を長谷寺《はせでら》

（奈良県桜井市）に入寺させた。長谷寺は飛鳥《あすか》時代に始まる法相宗《ほっそうしゅう》の寺院だが、専誉を慕う新義真言宗の学僧が多数入ってきた。この法流が真言宗豊山派《ぶざんは》となる。

そこで家康は慶長五年、根来寺学頭の玄宥《げんゆう》に対して、秀吉をまつった京都の豊国《とよくに》神社内の祥雲禅寺《しょううんぜんじ》を寄進し、学頭坊の一つである智積院《ちしゃくいん》（京都市東山区）を再興させた。智積院にも玄宥を慕う学僧が集まり、この法流が真言宗智山派《ちさんは》となった。

新義真言宗の根来寺を優遇した理由はそれだけではない。

天正十二年（一五八四）の秀吉と家康が戦った小牧《こまき》・長久手《ながくて》の戦いで、根来衆は家康方について戦功を立てたが結局、家康と秀吉が単独講和して休戦となった。そのため根来衆は孤立してしまい、秀吉に制圧されることになる。家康は、そのときのことを思い、恩賞的な意味で智積院を再興させたのかもしれない。

その後も、五代将軍綱吉《つなよし》の母・桂昌院《けいしょういん》が江戸に護国寺《ごこくじ》（真言宗豊山派・東京都文京区）を建立。紀州の根来寺も紀州徳川家の帰依《きえ》を受けて再興された。

一方、秀吉の〝醍醐の花見〟で知られる醍醐寺《だいごじ》や、応其《おうご》の働きで秀吉に手厚く保護された高野山など古義真言宗の門派は、家康からは大きな援助を得られなかった。

Q19

幕府の宗教政策で、真言宗にはどんな影響があったのか？

江戸時代

徳川幕府の宗教政策の基本は、仏教教団の権力の分散と無力化にあった。そのために公布したのが「寺院諸法度《じいんしょはっと》」である。寺院には仏教各宗に本山・末寺の縦割りの組織をつくらせ、法度（法律）を定めて規制した。

寺院諸法度の第一号は、徳川幕府を開く直前の慶長《けいちょう》六年（一六〇一）に公布された「高野山寺中法度《こうやさんじちゅうはっと》」である。それを皮切りに各宗、各寺に法度が次々と公布された。法度の内容は、教団のあり方から僧の生活に至るまで細かなもので、僧の自由な活動は厳しく制限された。これを見ても、家康は仏教教団の権力に対して神経質になっていたことがうかがえる。一方で、仏教各宗に対して教学振興を奨励した。

高野山の学侶方《がくりょかた》（140ページ参照）・頼慶《らいけい》（一五六二〜一六一〇）は、戦国時代に支配権を強めた行人方《ぎょうにんかた》を排し、古義真言宗の教学振興に尽くした一人だ。彼は政治力

高野山の徳川家霊台（重文）。寛永20年（1643）、三代将軍家光が建立。家康と二代・秀忠をまつる（写真提供・金剛峯寺）

にも長《た》けていて、かつて信長の寵愛《ちようあい》を受けた浄土宗の高僧と問答して論破し名をあげ、家康の帰依《きえ》を受けて、東寺、醍醐寺《だいごじ》、仁和寺《にんなじ》などに勧学院《かんがくいん》を設けた。

また、頼慶は関東真言宗十一談林《だんりん》（学問所）を設けた。教学研究が盛んな新義真言宗の寺院には全国から学僧が集まり、長谷寺《はせでら》、智積院《ちしやくいん》とともににぎわった。

また徳川幕府は「寺請制度《てらうけせいど》」を定め、すべての人がどこかの寺院の檀家《だんか》になることで、キリスト教の排除と人別帳の管理を行った。

江戸時代は民衆の暮らしの中に仏教が浸透した時代でもある。お盆（盂蘭盆会《うらぼんえ》）、お彼岸（彼岸会《ひがんえ》）など季節の行事をはじめ、高野山詣《もうで》、四国八十八ヶ所や西国三十三観音などの霊場めぐりも一般化した。

Q20 釈迦時代の仏教の復古を目指した慈雲とは？

江戸時代

江戸城無血開城の立役者《たてやくしゃ》の一人で剣豪として知られる山岡鉄舟《やまおかてつしゅう》（一八三六〜八八）から〝日本の小釈迦《しょうしゃか》〟と賞されたのが慈雲飲光《じうんおんこう》（一七一八〜一八〇四）である。

江戸時代中期、大坂中之島《おおざかなかのしま》の高松藩蔵屋敷に生まれた慈雲は、父の遺言により十三歳のときに法楽寺《ほうらくじ》（大阪市東住吉区）に入る。師は聡明だった慈雲に期待をかけ、十六歳から京都の私塾で儒学や詩文などを習わせた。教養の幅を広げた慈雲は、十九歳で河内国《かわちのくに》の野中寺《やちゅうじ》（大阪府羽曳野市《はびきのし》）に入り、戒律の聖典『四分律《しぶりつ》』と出合った。

「『四分律』の五百結集《ごひやくけつじゅう》の文《もん》を見て、初めて菩提心《ぼだいしん》を起こした」

こう語るほどだから、志が定まったのは、そのときだったのだろう。

法楽寺へ帰った慈雲は、二十一歳で具足戒《ぐそくかい》を受け、翌年には師から伝法灌頂《でんぽうかんじょう》を受け、その翌年には師に託されて法楽寺住職となった。しかし、自身の修行に満足できず、翌年には同門に法楽寺を任せて信州の禅寺に入ってしまう。慈雲はそこで坐禅《ざぜん》中、さとりを得た。さらに各地で修行を重ねたのち、聖徳太子《しょうとくたいし》ゆかりの長榮寺《ちょうえいじ》（大阪府東大阪市）を譲られ、再興する。慈雲は長榮寺で、釈迦が弟子たちと暮らしていた頃の生活ぶりを理想として暮らした。そして「正法律《しょうぼうりつ》（真言律）」を提唱した。正法律とは、十善戒《じゅうぜんかい》を守ることを基本とし、釈迦の説いた原点に立ち戻って修行することである。それを『十善法語《じゅうぜんほうご》』に著した。

五十九歳のとき、葛城山《かつらぎさん》中の高貴寺《こうきじ》（大阪府河南町《かなんちょう》）に移住。十年後、「正法律一派総本山」として幕府より認可。慈雲は八十七歳で没し、高貴寺に埋葬された。

慈雲はまた、学僧として研究成果を著作に多数残している。たとえば、釈迦の時代には、宗派自体がなかったのだから、宗派や僧の格による袈裟《けさ》の違いもないということで、釈迦の時代の材料・製法・染料なども忠実に再現した袈裟（如法衣《にょほうえ》）を作り、その製法を『方服図儀《ほうぶくずぎ》』にまとめた。慈雲は袈裟を研究しながら、宗派よりもまず仏《ぶつ》弟子《でし》であることを最優先させるべきだと主張したのだろう。さらに梵語《ぼんご》研究の分野では、世界的な評価を得ている『梵学津梁《ぼんがくしんりょう》』全千巻を著している。

Q21 即身仏になった鉄門海について教えて？

山形県鶴岡市《つるおかし》の注連寺《ちゅうれんじ》（真言宗智山派）は、即身仏《そくしんぶつ》になった鉄門海《てつもんかい》（一七六八～一八二九）のいるお寺として有名である。

注連寺は、空海が諸国行脚《あんぎゃ》のおり、天長《てんちょう》二年（八二五）に湯殿山大権現《ゆどのさんだいごんげん》を勧請《かんじょう》し、人々のために祈禱所《きとうじょ》とし、十年後に弟子の真然《しんぜん》が権現堂を建立したのが始まりと伝えられる。

鉄門海（俗名《ぞくみょう》・砂田鉄《すなだてつ》）は江戸時代中期、鶴岡で生まれた。川人足《かわにんそく》や井戸掘りなど肉体労働を生業《なりわい》としていたが、二十五歳のときに注連寺に入り、鉄門海の名を授かって湯殿行者（木食行者《もくじきぎょうじゃ》）となった。鉄門海は入門を許され、湯殿山の仙人沢《せんにんざわ》で修行を続けた。その後、鉄門海は諸国を行脚《あんぎゃ》して布教しながら人々の救済に努め、地元では人々が峠越えに苦労していた加茂坂《かもざか》の隧道《ずいどう》を通した。

また、江戸では流行していた眼病を恐れ悩む人々のために、自身の左目を短刀でえぐり取って両国橋から隅田川《すみだがわ》に投げ入れて龍神《りゅうじん》に捧げ、病魔退散を祈願し、悪疫《あくえき》を治めた。鉄門海はこれにより人々から「恵眼院《えがんいん》」と呼ばれた。

湯殿山注連寺。鉄門海上人の即身仏がある。毎年５月８日に例大祭が行われる（写真・フォトライブラリー）

鉄門海の最終目標は、人々のためにその身のまま仏になることだった。

「即身仏」と、空海が説く「即身成仏《そくしんじょうぶつ》」（88ページ参照）とは違う。だが鉄門海は、修行して肉身のままで大日如来《だいにちにょらい》と一体になることを目指したのである。

その修行は、五穀断ちから始まり十穀断ち、木食、最後には絶食して、身体の脂肪分や水分を抜く修行を三千日かけて行うものだった。それをやり遂げ、「我に祈願する者に対しては諸願を満足せしめん」と言葉を残した。

Q22 「神仏分離令」は真言宗にどんな影響を与えたのか？

明治〜平成時代

明治元年（一八六八）、新政府は「神仏分離令《しんぶつぶんりれい》」を発布《はっぷ》した。それまでの日本は、神も仏も同様に敬う神仏習合《しゅうごう》という風習が続いていたが、新時代を迎えて富国強兵の日本をつくるには、わが国古来の神道《しんとう》の国教化が必要であると考えたのである。

古来、大きな神社の中には「神宮寺《じんぐうじ》」が建てられていて、その住職が別当職《べっとうしょく》（管理者）となって神社を支配していた。ところが新政府は全国の神社に神祇官《じんぎかん》を設置し、僧侶の神社支配を禁じ、神社内の仏像や仏具、経典など仏教関連のものを廃棄させた。

とくに真言宗では、宗祖・空海以来「神は仏が人々を救うために姿を変えてこの世に現れたもので、神と仏は同体である」という神仏習合を掲げていたので、大きな打撃を受けた。全国の主要神社に置かれた神宮寺の別当職のほとんどは真言僧だったからである。

それは神社に関係のない一般寺院にもおよび、神仏分離を拡大解釈した民衆が全国の寺院を襲撃した。この仏教排斥運動を「廃仏毀釈《はいぶつきしやく》」と呼んでいる。一般寺院の僧たちの中には襲撃を恐れて還俗《げんぞく》する者も多かった。

神仏分離令から四年後の明治五年（一八七二）、政府は神仏分離をさらに徹底させるために「修験道《しゆげんどう》廃止令」を出した。修験道は、仏教・神道・陰陽道《おんみようどう》などを融合した神仏習合の最たる宗教とみなされ、全国各地の霊山は衰退した。当山派《とうざんは》修験道の本山・醍醐寺三宝院《だいごじさんぽういん》、本山派《ほんざんは》修験道の本山・聖護院《しようごいん》でも修験道が廃止された。

それでも仏教界が団結して政府に働きかけたことで、明治九年（一八七六）に「信教自由令《しんきようじゆうれい》」が発布され、仏教界は少しずつ被害から立ち直り、修験道も復興した。

一方、明治政府の近代化政策によって、僧侶の蓄髪《ちくはつ》（髪を剃《そ》らないこと）、肉食《にくじき》、妻帯などの自由が認められた。高野山では明治五年（一八七二）に女人《によにん》禁制が解かれたが、初めて女性が居住したのはそれから七年後である。

真言宗はめまぐるしく分流と独立を繰り返し、昭和三十三年（一九五八）に「真言宗各派総大本山会」（真言宗十八本山）が結成され、連携を図っている。

Q23 現在の宗教都市、高野山について教えて？

明治〜平成時代

高野山といっても、「高野山」という山は存在しない。弁天岳《べんてんだけ》、陣ケ峰《じんがみね》、楊柳山《ようりゅうさん》、摩尼山《まにさん》など標高千メートル前後の山々一帯の総称である。この峰々に囲まれた標高約八百メートルの山上、東西約六キロ、南北約三キロ、周囲約十五キロの盆地が広がる。ここが宗教都市・高野山である。自治体としての和歌山県高野町《こうやちょう》の大部分が高野山にあり、ここだけで町の機能が成り立っている。人口は二千八百六十八人（二〇二一年三月現在）で、その多くは仏教関連に携わっている。

この山上の宗教都市には、高野山真言宗の総本山・金剛峯寺《こんごうぶじ》をはじめ百十七の寺院があり、そのうち宿泊ができる宿坊《しゅくぼう》寺院が五十二カ寺ある。特筆すべきは、開創以来千二百年で四度の大火災があったにもかかわらず、数多くの文化遺産が守られていること。国宝二十一、国指定重要文化財百四十二をかぞえる（二〇二一年三月現在）。

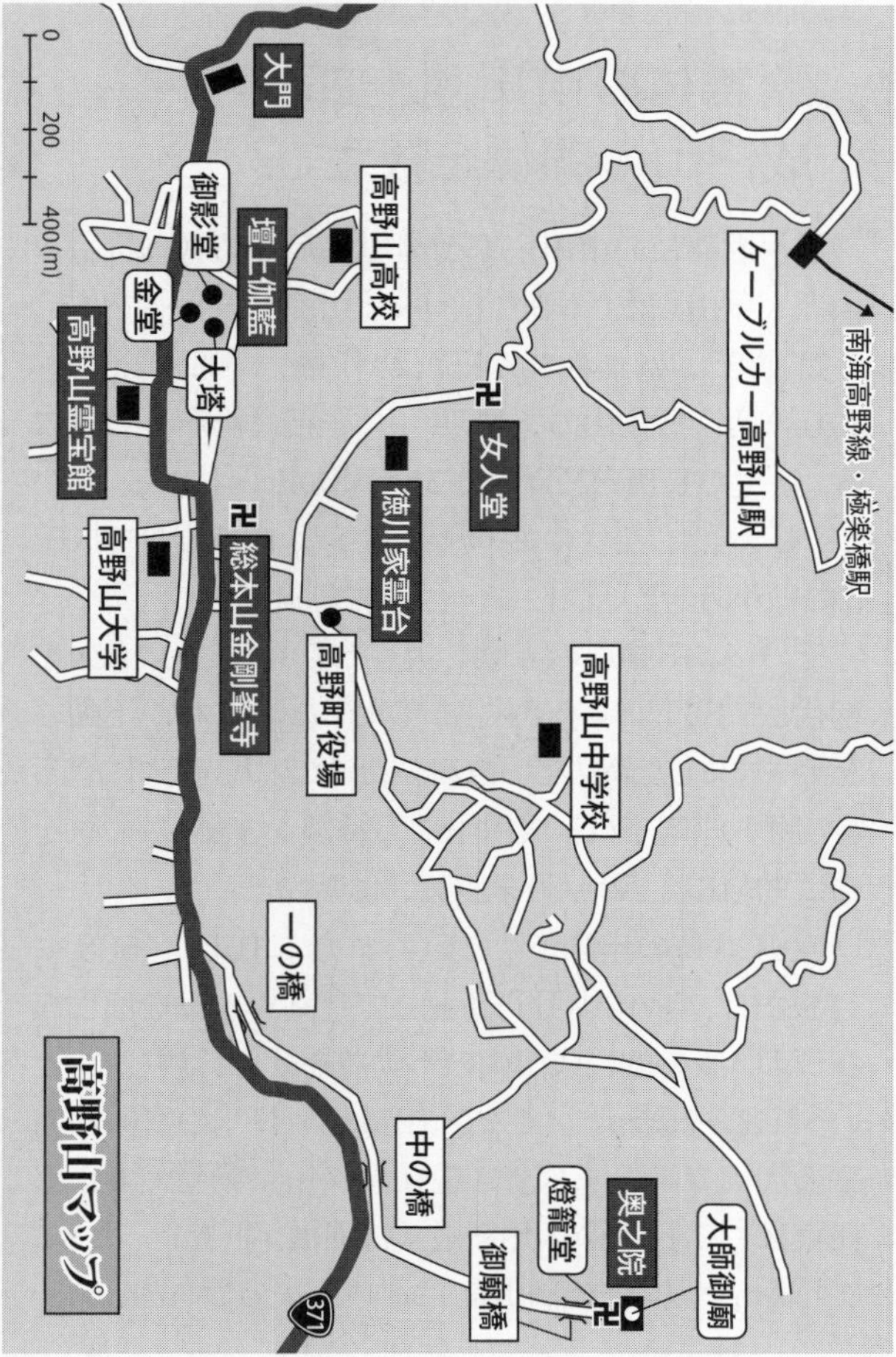
高野山マップ
0
200
400(m)
大門
御影堂
壇上伽藍
金堂
大塔
高野山高校
高野山霊宝館
高野山大学
総本山金剛峯寺
徳川家霊台
女人堂
高野町役場
ケーブルカー高野山駅
南海高野線・極楽橋駅
高野山中学校
一の橋
中の橋
燈籠堂
奥之院
大師御廟
御廟橋
371

もっと知りたい真言宗③

歌舞伎の市川團十郎と成田山の関係を教えて?

江戸歌舞伎の市川宗家《いちかわそうけ》と成田山新勝寺《しんしょうじ》（真言宗智山派《ちさんは》大本山）は、不動尊信仰により深くつながっている。

跡継ぎに恵まれなかった初代團十郎《だんじゅうろう》（1660～1704）が、成田山の不動明王《ふどうみょうおう》に子授け祈願をしたところ、待望の長男を授かったことが機縁といわれる。しかしそもそもは、初代の父・堀越重蔵《ほりこしじゅうぞう》が成田出身で成田山と縁があったようだ。

その後、不動尊の霊験《れいけん》を扱った『兵根元曾我《つわものこんげんそが》』を初代と二代目が親子で共演して大当たり。これが不動尊をテーマにした初めての歌舞伎だった。大当たりに感謝して團十郎親子は、成田山に大神鏡を奉納し、これを機に「成田屋」の屋号を使うようになった。

「成田不動の申し子」といわれた二代目（1688～1758）は、『成田山分身不動《なりたさんふんじんふどう》』で金剛界《こんごうかい》不動を演じて、江戸の人々の間に成田山の不動尊をぜひ拝観したいという気運が高まった。そこで成田山は、深川の富岡八幡宮《とみおかはちまんぐう》の別当寺院の永代寺《えいたいじ》（現在の深川不動堂・東京都江東区）で不動尊の出開帳《でがいちょう》（特別展示）を行ったところ大盛況。以降、成田山詣《もうで》は江戸庶民の憧《あこが》れとなった。

日本人なら知っておきたい

空海と真言宗

◆

資料編

● 真言宗略年表

※改元年は新元号で表記

年号	西暦	できごと
宝亀5	774	空海、讃岐の屛風ヶ浦に誕生
延暦3	784	長岡京遷都
延暦7	788	空海、都でおじの阿刀大足に儒教などを学ぶ
延暦10	791	空海、大学に入学するが中退し、各地の山野で修行
延暦12	793	空海、和泉の槙尾山寺で出家、私度僧となる
延暦13	794	平安京遷都
延暦16	797	空海、『三教指帰』を著す
延暦23	804	空海、遣唐使として入唐。12月に都の長安に入る
延暦24	805	空海、8月に青龍寺の恵果から正統密教を受け継ぐ
大同元	806	空海、帰国。『御請来目録』を朝廷に提出
大同4	809	空海、洛北の高雄山寺（のちの神護寺）に入る
弘仁7	816	空海、嵯峨天皇より高野山開創の勅許を賜る
弘仁10	819	空海、高野山壇上伽藍の建設を始める
弘仁12	821	空海、讃岐の満濃池の改修工事を行う
弘仁14	823	空海、嵯峨天皇より東寺（教王護国寺）を賜る
天長5	828	空海、東寺に日本初の民間学校「綜藝種智院」を開く
天長9	832	空海、高野山に隠棲。実慧に東寺、真済に神護寺を託す。2年後、真然に高野山を託す
承和2	835	空海、正月に宮中にて後七日御修法を行う。3月21日に高野山奥之院にて入定
承和9	842	嵯峨上皇没、孫の恒貞親王（のちの恒寂入道親王）が皇太子を廃される（承和の変）
貞観14	872	真雅、東寺法務（真言宗を束ねる初めての長者）に就任
貞観16	874	聖宝、洛東の笠取山に一寺を建立（醍醐天皇の勅願を受けて907年に醍醐寺として完成）
貞観18	876	嵯峨上皇の離宮を大覚寺とし、恒寂入道親王が入寺
仁和3	887	源仁、聖宝と益信に伝法灌頂を授ける
仁和4	888	宇多天皇、仁和寺を完成。897年譲位、2年後に出家して寛平法皇となる。901年、益信より伝法灌頂を受ける
延喜21	921	観賢、醍醐天皇より空海に「弘法大師」の諡号を賜る
嘉承2	1107	覚鑁、仁和寺の覚助に入門

永久2	1114	覚鑁、高野山にのぼり、8年間修行する
長承元	1132	覚鑁、高野山に大伝法院を完成
長承3	1134	覚鑁、大伝法院と金剛峯寺の座主を兼職。翌年自ら辞職
保延6	1140	覚鑁、700人の学僧とともに根来に移る。3年後没
文治元	1185	平氏、壇ノ浦で滅亡。この頃から平家の落武者や、没落貴族が高野山に逃れてくる
正治元	1199	俊芿、入宋（〜1211）
建保6	1218	俊芿、泉涌寺を宋風伽藍とし再興を志す（8年後完成）
正応元	1288	頼瑜ら、根来寺に大伝法院を移す（新義真言宗の始まり）
天正9	1581	織田信長、高野山を攻める
天正13	1585	豊臣秀吉、根来寺を焼き討ち。のちに専誉は奈良の長谷寺に移り（豊山派の始まり）、玄宥は京都に智積院を開く（智山派の始まり）
文禄2	1593	応其、秀吉の命により高野山に青巌寺を建立
慶長5	1600	関ヶ原の合戦
元和元	1615	大坂夏の陣により豊臣氏滅亡。幕府、諸宗諸本山法度制定
寛永12	1635	幕府、寺社奉行設置。触頭寺院設置
寛永14	1637	島原・天草の乱（〜1638）。幕府、寺請制度開始
寛永17	1640	幕府、宗門改役設置。宗門人別帳作成
明治元	1868	明治維新。新政府、神仏分離令発布
明治2	1869	高野山の青巌寺を金剛峯寺と改称
明治4	1871	新政府、戸籍法制定により宗門人別帳・寺請制度廃止
明治5	1872	一宗一管長制度開始。高野山の女人禁制が解かれる
明治9	1876	信教自由令発布
明治11	1878	真言宗古義派二派と、真言宗新義派との三派に分裂
明治19	1886	高野山大学設立
明治29	1896	醍醐寺の分離独立を皮切りに各派が独立を始める
昭和15	1940	宗教団体法により大真言宗としてまとめられる
昭和21	1946	宗教法人法により各派が独立
昭和33	1958	真言宗各派総大本山会結成
平成6	1994	教王護国寺、醍醐寺、仁和寺などが「古都京都の文化財」として世界遺産に登録される
平成16	2004	高野山や金峯山寺などが「紀伊山地の霊場と参詣道」として世界遺産に登録される

● 真言密教の八祖(付法《ふほう》の八祖·伝持《でんじ》の八祖)

真言密教の正統を受け継ぐ祖師を「付法の八祖」という。また、日本に伝わるまでの歴史上、真言密教の教えをひろめ伝えた祖師を「伝持の八祖」と呼ぶ。

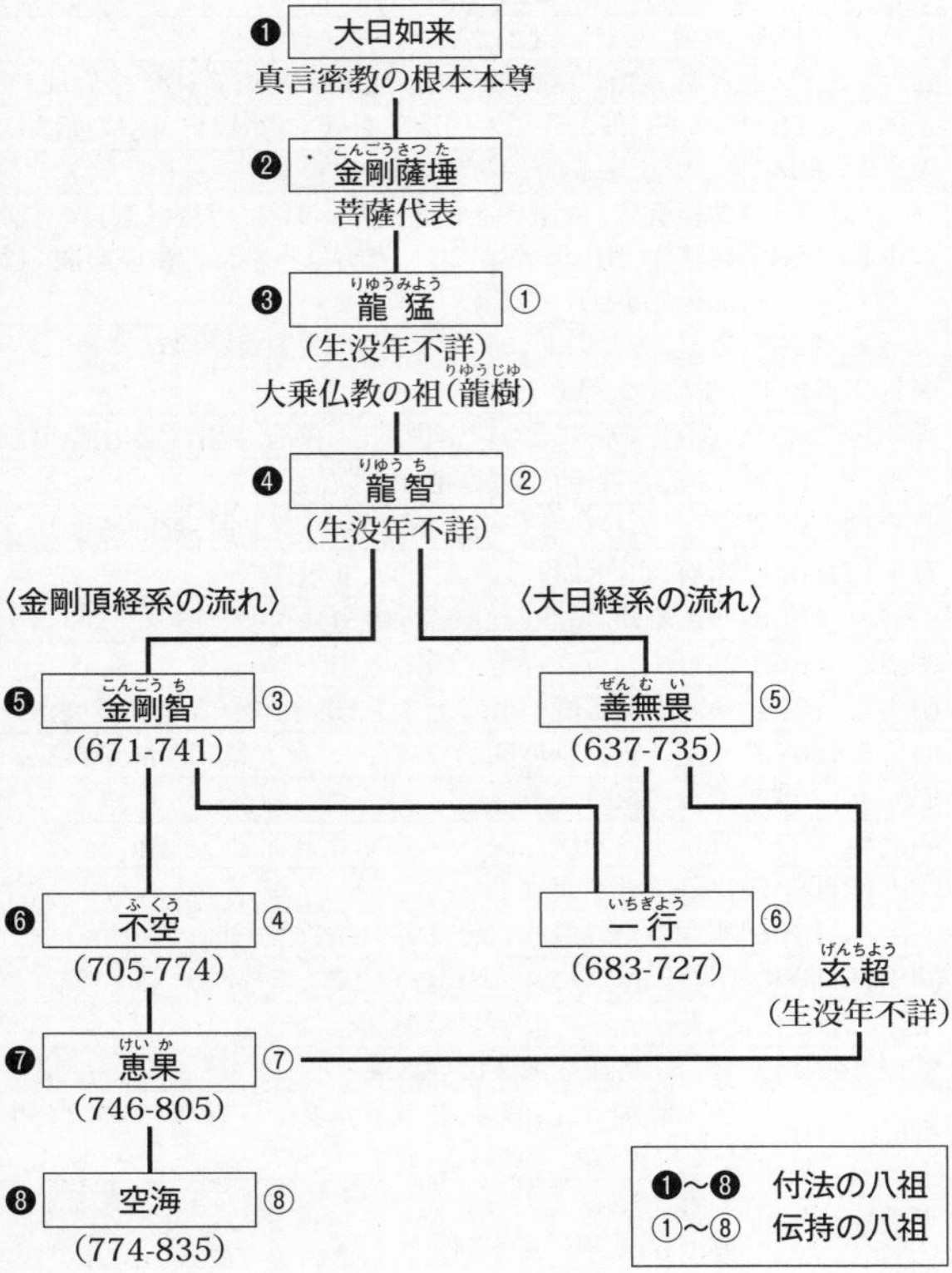

● 真言宗十八本山（真言宗各派総大本山会所属）

空海

〈古義《こぎ》真言宗〉

- 高野山真言宗　総本山・金剛峯寺《こんごうぶじ》（和歌山県伊都郡高野町）
- 東寺真言宗　総本山・教王護国寺《きょうおうごこくじ》（東寺）（京都市南区）
- 真言宗善通寺派　総本山・善通寺《ぜんつうじ》（香川県善通寺市）
- 真言宗須磨寺《すまでら》派　大本山・随心院《ずいしんいん》（京都市山科区）
- 真言宗中山寺派　大本山・福祥寺《ふくしょうじ》（須磨寺）（兵庫県神戸市）
- 真言三宝宗　大本山・中山寺《なかやまでら》（兵庫県宝塚市）
- 真言宗山階《やましな》派　大本山・清澄寺《せいちょうじ》（清荒神）（兵庫県宝塚市）
- 真言宗醍醐派　大本山・勧修寺《かじゅうじ》（京都市山科区）
- 真言宗御室派　総本山・醍醐寺《だいごじ》（京都市伏見区）
- 真言宗大覚寺派　総本山・仁和寺《にんなじ》（京都市右京区）
- 真言宗泉涌寺派　大本山・大覚寺《だいかくじ》（京都市右京区）
- 信貴山《しぎさん》真言宗　総本山・泉涌寺《せんにゅうじ》（京都市東山区）
- 総本山・朝護孫子寺《ちょうごそんしじ》（奈良県生駒郡平群町）

叡尊《えいそん》

〈真言律宗〉

- 真言律宗　総本山・西大寺《さいだいじ》（奈良市）　大本山・寶山寺《ほうざんじ》（奈良県生駒市）

覚鑁《かくばん》

〈新義《しんぎ》真言宗〉

- 新義真言宗　総本山・根来寺《ねごろじ》（和歌山県岩出市）
- 真言宗豊山派《ぶざんは》　総本山・長谷寺《はせでら》（奈良県桜井市）
- 真言宗智山派《ちさんは》　総本山・智積院《ちしゃくいん》（京都市東山区）

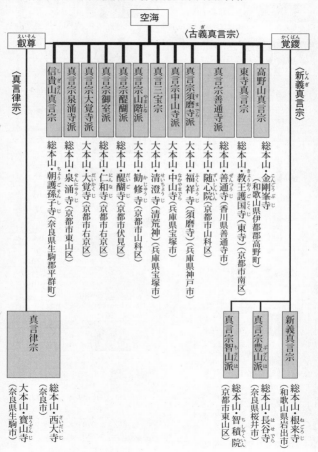

● 真言宗の名刹

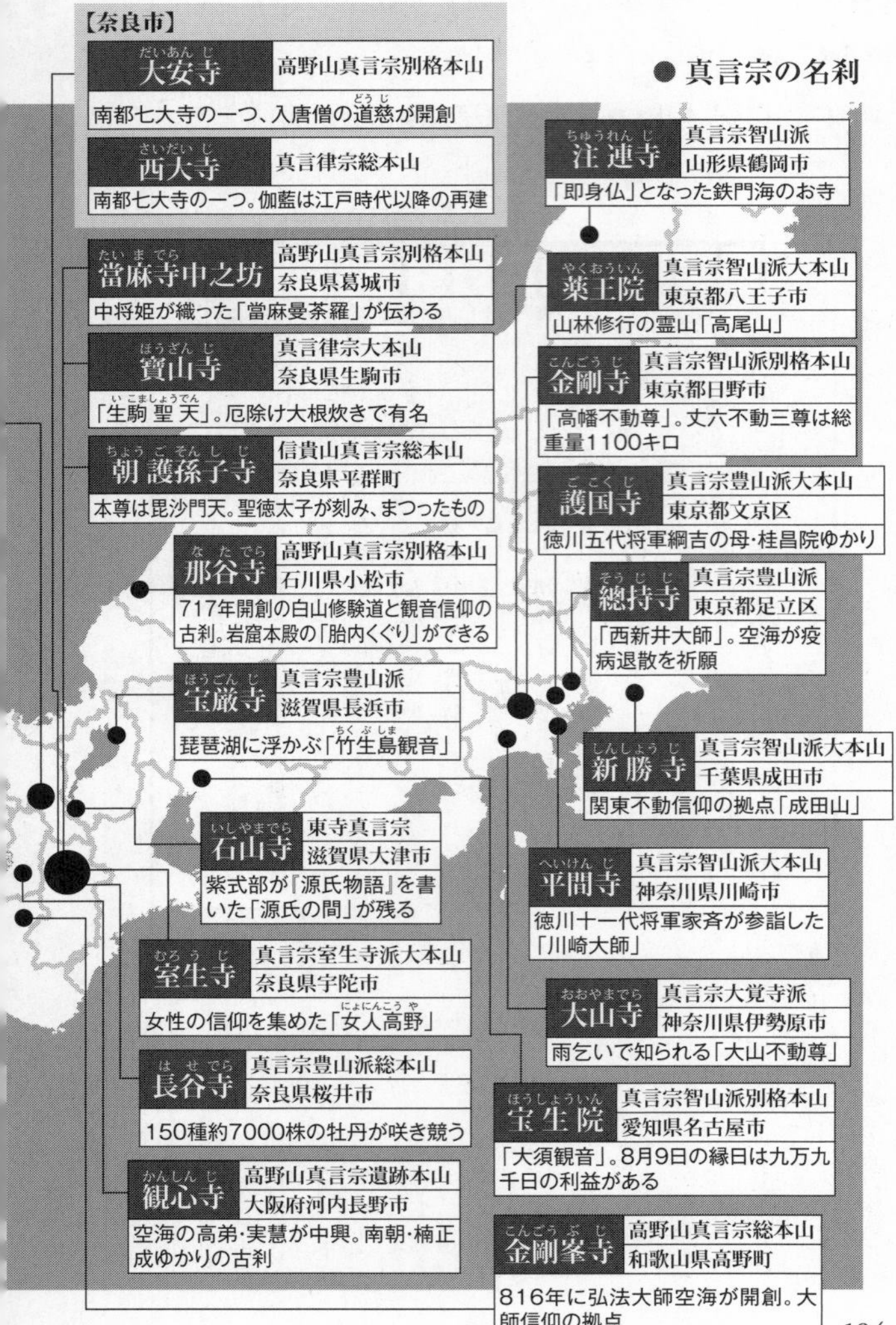
【奈良市】
大安寺《だいあんじ》
高野山真言宗別格本山
南都七大寺の一つ、入唐僧の道慈《どうじ》が開創
西大寺《さいだいじ》
真言律宗総本山
南都七大寺の一つ。伽藍は江戸時代以降の再建
當麻寺《たいまでら》中之坊
高野山真言宗別格本山
奈良県葛城市
中将姫が織った「當麻曼荼羅」が伝わる
寶山寺《ほうざんじ》
真言律宗大本山
奈良県生駒市
「生駒聖天《いこましょうでん》」。厄除け大根炊きで有名
朝護孫子寺《ちょうごそんしじ》
信貴山真言宗総本山
奈良県平群町
本尊は毘沙門天。聖徳太子が刻み、まつったもの
那谷寺《なたでら》
高野山真言宗別格本山
石川県小松市
717年開創の白山修験道と観音信仰の古刹。岩窟本殿の「胎内くぐり」ができる
宝厳寺《ほうごんじ》
真言宗豊山派
滋賀県長浜市
琵琶湖に浮かぶ「竹生島《ちくぶしま》観音」
石山寺《いしやまでら》
東寺真言宗
滋賀県大津市
紫式部が『源氏物語』を書いた「源氏の間」が残る
室生寺《むろうじ》
真言宗室生寺派大本山
奈良県宇陀市
女性の信仰を集めた「女人高野《にょにんこうや》」
長谷寺《はせでら》
真言宗豊山派総本山
奈良県桜井市
150種約7000株の牡丹が咲き競う
観心寺《かんしんじ》
高野山真言宗遺跡本山
大阪府河内長野市
空海の高弟・実慧が中興。南朝・楠正成ゆかりの古刹
注連寺《ちゅうれんじ》
真言宗智山派
山形県鶴岡市
「即身仏」となった鉄門海のお寺
薬王院《やくおういん》
真言宗智山派大本山
東京都八王子市
山林修行の霊山「高尾山」
金剛寺《こんごうじ》
真言宗智山派別格本山
東京都日野市
「高幡不動尊」。丈六不動三尊は総重量1100キロ
護国寺《ごこくじ》
真言宗豊山派大本山
東京都文京区
徳川五代将軍綱吉の母・桂昌院ゆかり
總持寺《そうじじ》
真言宗豊山派
東京都足立区
「西新井大師」。空海が疫病退散を祈願
新勝寺《しんしょうじ》
真言宗智山派大本山
千葉県成田市
関東不動信仰の拠点「成田山」
平間寺《へいけんじ》
真言宗智山派大本山
神奈川県川崎市
徳川十一代将軍家斉が参詣した「川崎大師」
大山寺《おおやまでら》
真言宗大覚寺派
神奈川県伊勢原市
雨乞いで知られる「大山不動尊」
宝生院《ほうしょういん》
真言宗智山派別格本山
愛知県名古屋市
「大須観音」。8月9日の縁日は九万九千日の利益がある
金剛峯寺《こんごうぶじ》
高野山真言宗総本山
和歌山県高野町
816年に弘法大師空海が開創。大師信仰の拠点

【京都市】

教王護国寺《きょうおうごこくじ》　東寺真言宗総本山　南区
通称「東寺」。五重塔は京都のランドマーク

醍醐寺《だいごじ》　真言宗醍醐派総本山　伏見区
下醍醐から約1時間登ると、開創の地・上醍醐に至る

神護寺《じんごじ》　高野山真言宗遺迹本山　右京区
紅葉の名所。かわらけ投げの発祥地といわれる

勧修寺《かじゅうじ》　真言宗山階派大本山　山科区
醍醐天皇が母（宇多天皇の妃）の菩提を弔うため建立

仁和寺《にんなじ》　真言宗御室派総本山　右京区
宇多天皇ゆかりの門跡寺院。遅咲きの「御室桜」で有名

随心院《ずいしんいん》　真言宗善通寺派大本山　山科区
小野流の祖・仁海が開創。小野小町ゆかりの地とされる

広隆寺《こうりゅうじ》　真言宗御室派大本山　右京区
国宝の木造《もくぞう》弥勒《みろく》菩薩《ぼさつ》半跏《はんか》思惟《しゆい》像が有名

泉涌寺《せんにゅうじ》　真言宗泉涌寺派総本山　東山区
「御寺」。楊貴妃観音像は唐の玄宗皇帝が造らせたと伝わる

大覚寺《だいかくじ》　真言宗大覚寺派大本山　右京区
「嵯峨御所」。「いけばな嵯峨御流」の総司所（家元）

智積院《ちしゃくいん》　真言宗智山派総本山　東山区
大書院は桃山文化を伝える名勝庭園に面している

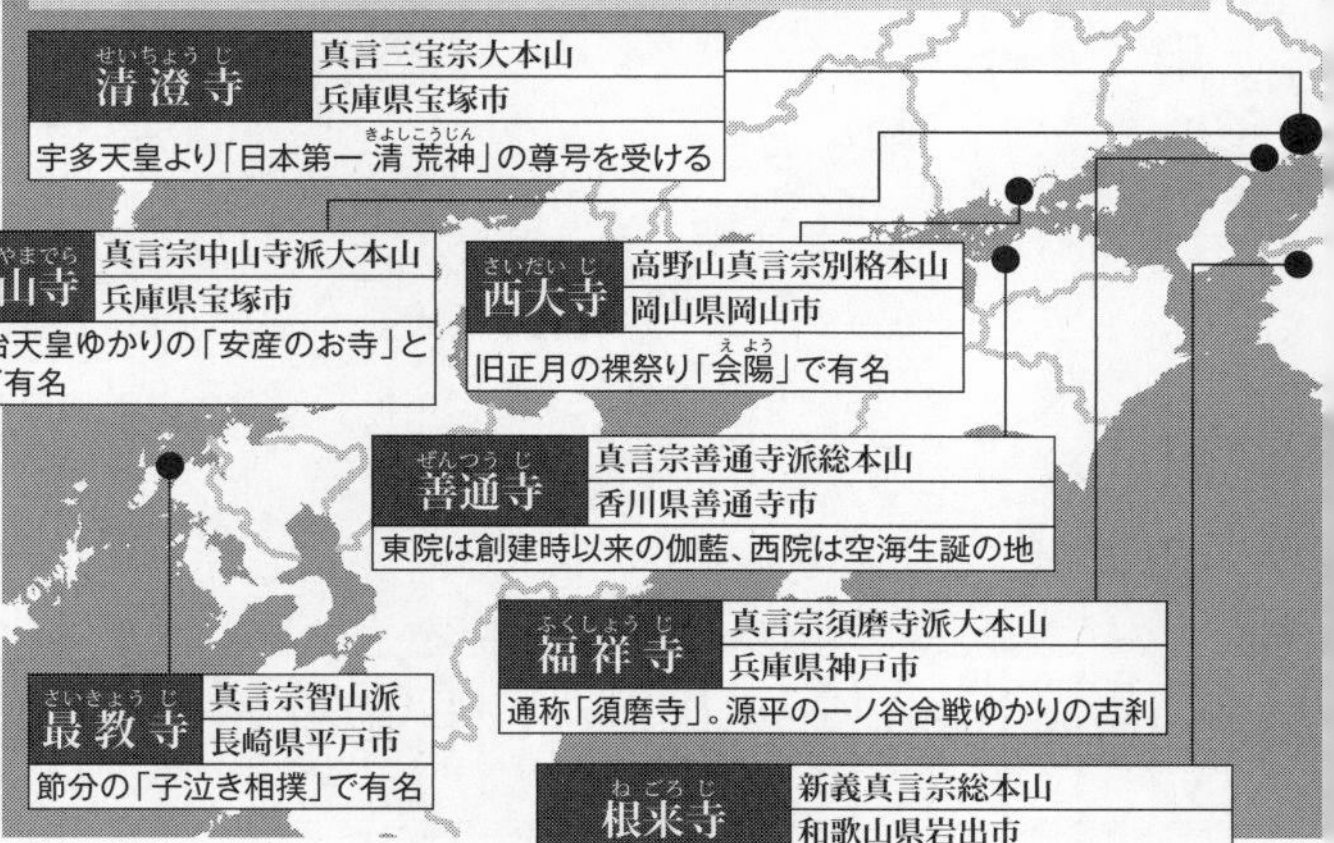

清澄寺《せいちょうじ》　真言三宝宗大本山　兵庫県宝塚市
宇多天皇より「日本第一 清荒神《きよしこうじん》」の尊号を受ける

中山寺《なかやまでら》　真言宗中山寺派大本山　兵庫県宝塚市
明治天皇ゆかりの「安産のお寺」として有名

西大寺《さいだいじ》　高野山真言宗別格本山　岡山県岡山市
旧正月の裸祭り「会陽《えよう》」で有名

善通寺《ぜんつうじ》　真言宗善通寺派総本山　香川県善通寺市
東院は創建時以来の伽藍、西院は空海生誕の地

福祥寺《ふくしょうじ》　真言宗須磨寺派大本山　兵庫県神戸市
通称「須磨寺」。源平の一ノ谷合戦ゆかりの古刹

最教寺《さいきょうじ》　真言宗智山派　長崎県平戸市
節分の「子泣き相撲」で有名

根来寺《ねごろじ》　新義真言宗総本山　和歌山県岩出市
秀吉の焼き討ち後、紀州徳川家の外護により再興

● 四国八十八ヶ所霊場

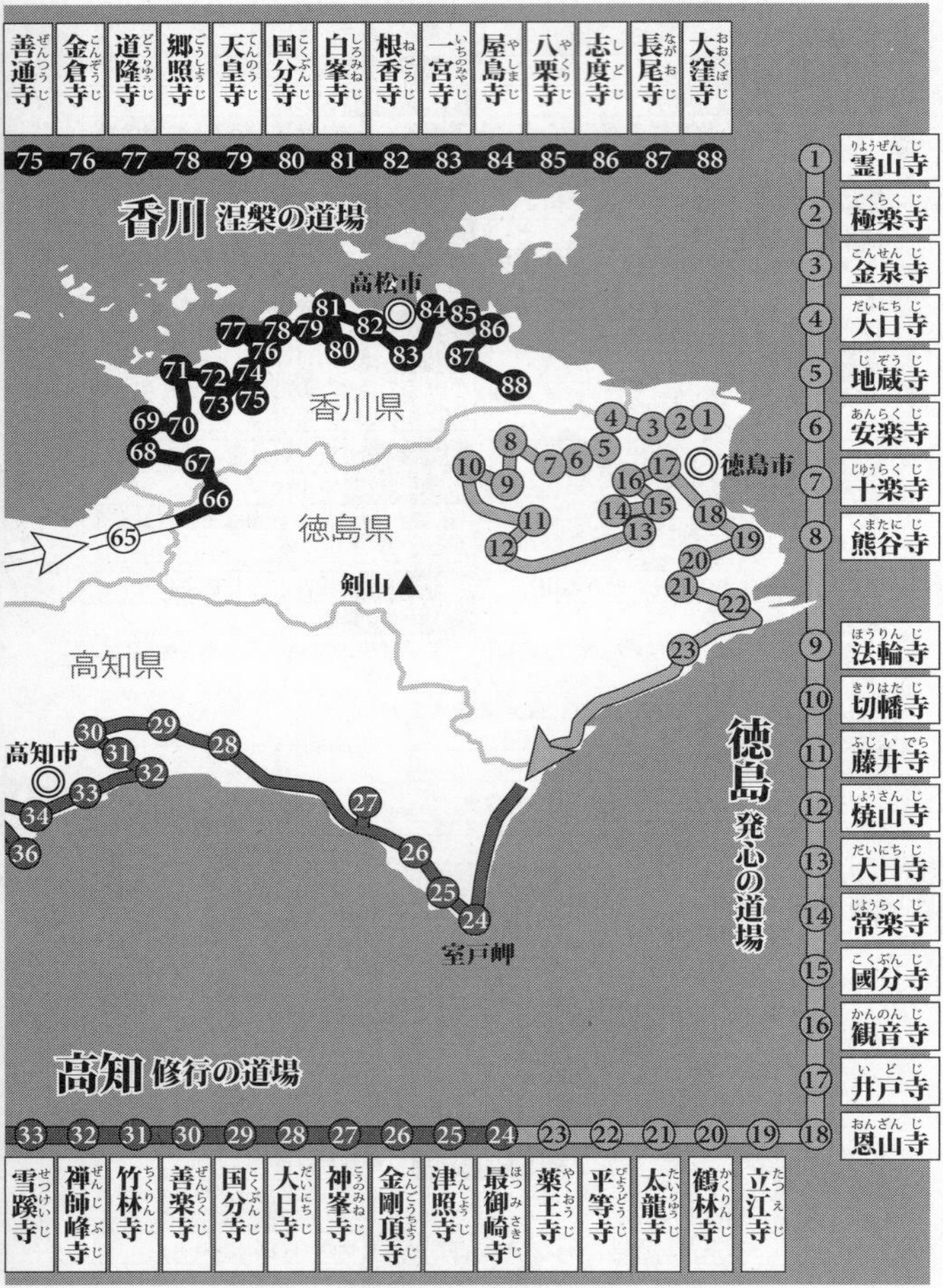
1 霊山寺《りょうぜんじ》
2 極楽寺《ごくらくじ》
3 金泉寺《こんせんじ》
4 大日寺《だいにちじ》
5 地蔵寺《じぞうじ》
6 安楽寺《あんらくじ》
7 十楽寺《じゅうらくじ》
8 熊谷寺《くまたにじ》
9 法輪寺《ほうりんじ》
10 切幡寺《きりはたじ》
11 藤井寺《ふじいでら》
12 焼山寺《しょうさんじ》
13 大日寺《だいにちじ》
14 常楽寺《じょうらくじ》
15 國分寺《こくぶんじ》
16 観音寺《かんのんじ》
17 井戸寺《いどじ》
18 恩山寺《おんざんじ》
19 立江寺《たつえじ》
20 鶴林寺《かくりんじ》
21 太龍寺《たいりゅうじ》
22 平等寺《びょうどうじ》
23 薬王寺《やくおうじ》
24 最御崎寺《ほつみさきじ》
25 津照寺《しんしょうじ》
26 金剛頂寺《こんごうちょうじ》
27 神峯寺《こうのみねじ》
28 大日寺《だいにちじ》
29 国分寺《こくぶんじ》
30 善楽寺《ぜんらくじ》
31 竹林寺《ちくりんじ》
32 禅師峰寺《ぜんじぶじ》
33 雪蹊寺《せっけいじ》
75 善通寺《ぜんつうじ》
76 金倉寺《こんぞうじ》
77 道隆寺《どうりゅうじ》
78 郷照寺《ごうしょうじ》
79 天皇寺《てんのうじ》
80 国分寺《こくぶんじ》
81 白峯寺《しろみねじ》
82 根香寺《ねごろじ》
83 一宮寺《いちのみやじ》
84 屋島寺《やしまじ》
85 八栗寺《やくりじ》
86 志度寺《しどじ》
87 長尾寺《ながおじ》
88 大窪寺《おおくぼじ》
香川 涅槃の道場
高松市
香川県
徳島市
徳島県
剣山
高知県
高知市
室戸岬
徳島 発心の道場
高知 修行の道場

横峰寺《よこみねじ》
香園寺《こうおんじ》
宝寿寺《ほうじゅじ》
吉祥寺《きちじょうじ》
前神寺《まえがみじ》
三角寺《さんかくじ》
雲辺寺《うんぺんじ》
大興寺《だいこうじ》
神恵院《じんねいん》
観音寺《かんおんじ》
本山寺《もとやまじ》
弥谷寺《いやだにじ》
曼荼羅寺《まんだらじ》
出釈迦寺《しゅっしゃかじ》
甲山寺《こうやまじ》
59 国分寺《こくぶんじ》
58 仙遊寺《せんゆうじ》
57 栄福寺《えいふくじ》
56 泰山寺《たいさんじ》
55 南光坊《なんこうぼう》
54 延命寺《えんめいじ》
53 円明寺《えんみょうじ》
52 太山寺《たいさんじ》
51 石手寺《いしてじ》
50 繁多寺《はんたじ》
49 浄土寺《じょうどじ》
48 西林寺《さいりんじ》
47 八坂寺《やさかじ》
46 浄瑠璃寺《じょうるりじ》
45 岩屋寺《いわやじ》
44 大寶寺《だいほうじ》
43 明石寺《めいせきじ》
42 仏木寺《ぶつもくじ》
愛媛
菩提の道場
松山市
石鎚山
愛媛県
龍光寺《りゅうこうじ》
観自在寺《かんじざいじ》
延光寺《えんこうじ》
金剛福寺《こんごうふくじ》
岩本寺《いわもとじ》
青龍寺《しょうりゅうじ》
清瀧寺《きよたきじ》
種間寺《たねまじ》

● 十二支守り本尊と真言

十二支は中国の易学から誕生したものだが、それがいつしか仏教と結びつき、守り本尊として信仰されるようになった。易学の八方位から八尊に分けられている。

生まれ年	守り本尊	真言
子《ね》年	千手観音菩薩	オン　バザラ　タラマ　キリーク　ソワカ
丑《うし》・寅《とら》年	虚空蔵菩薩	オン　バザラ　アラタンノウ　オン　タラーク　ソワカ
卯《う》年	文殊菩薩	オン　アラハシャ　ノウ
辰《たつ》・巳《み》年	普賢菩薩	オン　サンマヤ　サト　バン
午《うま》年	勢至菩薩	オン　サンザンザン　サク　ソワカ
未《ひつじ》・申《さる》年	大日如来	オン　バザラ　ダト　バン
酉《とり》年	不動明王	ノウマク　サマンダ　バザラ　ダン　カン
戌《いぬ》・亥《い》年	阿弥陀如来	オン　アミリタ　テイセイ　カラ　ウン

● 十三仏

葬儀後、初七日から三十三回忌までの法要を「十三仏事」といい、それぞれの法要の本尊が定められている。これは、中国の道教の影響を受けて、死者は十王の裁判を受けて生まれ変わるという十王信仰が日本に伝わり十王の本地仏とされ、さらに三仏が加えられたもの。

法要(法事)	十三仏(本地仏)	十王
初七日忌(7日目)	不動明王	秦広王
二七日忌(14日目)	釈迦如来	初江王
三七日忌(21日目)	文殊菩薩	宋帝王
四七日忌(28日目)	普賢菩薩	五官王
五七日忌(35日目)	地蔵菩薩	閻魔大王
六七日忌(42日目)	弥勒菩薩	変成王
四十九日忌(49日目)	薬師如来	泰山王
百ヶ日忌(100日目)	観音菩薩	平等王
一周忌(1年目)	勢至菩薩	都市王
三回忌(2年目)	阿弥陀如来	五道転輪王
七回忌(6年目)	阿閦如来	(蓮華王)
十三回忌(12年目)	大日如来	(慈恩王)
三十三回忌(32年目)	虚空蔵菩薩	(祇園王)

● おもな仏尊と縁日

縁日とは仏尊と縁を結ぶ日。東寺に伝わる『三十日秘仏』が元になったとされる。縁日にお参りすると、通常の何倍もの功徳がいただけるといわれている。

縁日	仏尊	仏尊の利益など
毎月1日・15日	妙見菩薩	中国の星宿思想により北極星を神格化した神
毎月8日または12日	薬師如来	古来、医薬の仏として信仰される
毎月8のつく日	鬼子母神	仏に帰依して出産・育児の神となった
毎月13日	虚空蔵菩薩	13歳の子供が智慧と福徳を願う「十三参り」が有名
毎月14日	普賢菩薩	白象に乗り、延命の徳をそなえる
毎月15日	阿弥陀如来	無限の寿命と恵みをそなえ、人々を救う。観世音菩薩と勢至菩薩が脇侍
毎月16日	歓喜天（聖天）	頭は象、身体は人間の姿をした、夫婦和合・子宝の神
毎月18日	観世音菩薩	千変万化の姿で現れ、人々を救う
毎月21日	弘法大師空海	空海が入定した日。月並御影供
毎月23日	八幡大菩薩（八幡神）	古くは皇室の祖神。空海が乙訓寺で怨霊を鎮めるために本尊を彫っていたときに現れた
毎月23日	勢至菩薩	無上の力をそなえ、人々を救う
毎月24日	地蔵菩薩	釈迦入滅後、弥勒仏が現れるまでの無仏の世での衆生救済を誓った
毎月25日	文殊菩薩	獅子に乗り、智慧の徳をそなえる
毎月28日	不動明王	悪を断ち、行者を守って諸願を成就させる
毎月28日	大日如来	真言密教の教主。すべてをつかさどる根本仏
毎月30日	釈迦如来	生身の人間としてさとりを開いた。釈迦牟尼は釈迦族の聖者の意味
甲子の日	大黒天	七福神の一人。密教では三宝を守護し飲食をつかさどる神とされる
午の日	稲荷神	五穀をつかさどる食物の神、とくに稲の神霊とされる
亥の日	摩利支天	もとはインドの障害を除く神とされる。密教では護身の修法の本尊とされる
巳の日	弁才天（弁財天）	七福神の一人。もとはインドの河川の女神で財福・音楽・弁舌の徳をそなえる
庚申の日	帝釈天	ヒンドゥー教のインドラ神が仏教に取り入れられて仏法の守護神となった
1月・5月・9月最初の寅の日	毘沙門天（多聞天）	七福神の一人。帝釈天に仕える四天王の一人。北方を守る神将で、仏法を聞くことが最も多かったとされる
1月・7月の16日	閻魔大王	もとはインドの光明の神。のちに死者の生前の善悪を裁く冥界の王となった。正月とお盆の16日は奉公人が暇をもらえる「薮入り」で、鬼も休むので地獄の釜の蓋が開く日といわれた

【参考文献】

笠原一男編『日本宗教史Ⅰ』（山川出版社、一九七七年）／『日本仏教宗派のすべて』（大法輪閣、一九八一年）／『空海と真言密教』（読売新聞社、一九八二年）／山野上純夫・横山真佳・田原由紀雄『仏教宗派の常識』（朱鷺書房、一九八四年）／『早わかり日本仏教史』（大法輪閣、一九八五年）／松長有慶編『真言宗』（小学館、一九八五年）／福田亮成編『真言宗小事典』（法藏館、一九八七年）／五来重『日本人の仏教史』（角川選書、一九八九年）／『密教の本』（学習研究社、一九九二年）／末木文美士『日本仏教史』（新潮文庫、一九九六年）／藤井正雄総監修『うちのお寺は真言宗』（双葉社、一九九七年）／『真言密教の本』（学習研究社、一九九七年）／立川武蔵・頼富本宏編『日本密教』（春秋社、二〇〇〇年）／山田一眞・大塚秀見監修『真言宗のお経』（双葉社、二〇〇〇年）／頼富本宏監修『空海』（ナツメ社、二〇〇三年）／『一個人（特集・仏教を愉しむ）』（ベストセラーズ、二〇〇四年八月号）／山折哲雄・末木文美士編著『名僧たちの教え』（朝日選書、二〇〇五年）／宮坂宥洪監修『空海と真言宗 知れば知るほど』（実業之日本社、二〇〇六年）／小峰彌彦監修『日本人として心が豊かになる仏事とおつとめ 真言宗』（青志社、二〇〇八年）／『真言宗のお葬式』（双葉社、二〇〇八年）／花山勝友監修『新装版［図解］密教のすべて』（PHP研究所、二〇〇八年）／小峰彌彦監修『わが家の仏教・仏事としきたり真言宗』（日東書院本社、二〇〇九年）／『一個人（特集・日本の仏教入門）』（ベストセラーズ、二〇一〇年七月号）／福田亮成監修『知識ゼロからの空海入門』（幻冬舎、二〇一一年）／『別冊太陽 空海』（平凡社、二〇一一年）／『一個人（特集・仏教宗派入門）』（ベストセラーズ、二〇一二年九月号）／『仏教を歩く［改訂版］空海』（朝日新聞出版、二〇一三年）／総本山金剛峯寺・高野山大学監修『空海・高野山の教科書』（枻出版社、二〇一三年）

知恵の森
KOBUNSHA

日本人《にほんじん》なら知《し》っておきたい空海《くうかい》と真言宗《しんごんしゅう》

教義《きょうぎ》と宗派《しゅうは》の歴史《れきし》がスッキリわかる

監修者 — 山折哲雄（やまおり てつお）

2021年　6月20日　初版1刷発行

発行者 — 鈴木広和
組　版 — 堀内印刷
印刷所 — 堀内印刷
製本所 — ナショナル製本
発行所 — 株式会社 光文社
東京都文京区音羽1-16-6 〒112-8011
電　話 — 編集部(03)5395-8282
書籍販売部(03)5395-8116
業務部(03)5395-8125
メール — chie@kobunsha.com

ISBN978-4-334-78798-1　Printed in Japan